COSECHANDO BENDICIONES

UN CASO DE ENFERMEDAD Y CURACIÓN ESPIRITUAL

Psicografía de

ROBERTO DE CARVALHO

Por el Espíritu

BASILIO

Traducción al Español:

J.Thomas Saldias, MSc.

Trujillo, Perú, Enero 2023

Título Original en inglés:
"COLHENDO BÊNÇÃOS, Um caso de doença e cura espiritual"
© Roberto de Carvalho, 2012

World Spiritist Institute
Houston, Texas, USA
E– mail: contact@worldspiritistinstitute.org

Del Médium

Proveniente de una familia católica, hijo del trabajador Emmanoel José de Carvalho y de la costurera María Carolina, Roberto de Carvalho es el sexto hijo de siete hijos. Nacido el 2 de marzo de 1964, en Liberdade, un pequeño pueblo ubicado en la Zona da Mata de Minas Gerais. Su inspiración literaria se manifestó muy temprano y, aun en la niñez, Roberto escribía versos, componía letras de música y, mentalmente, creaba historias durante las caminatas solitarias a la escuela, que estaba a unos 4 kilómetros del lugar donde vivía. A los 13 años se trasladó con su familia a Angra dos Reis, donde vivió durante 27 años.

En su juventud, animado por un profesor de lengua portuguesa, comenzó a participar en concursos literarios. Después de haber ganado varios premios, fue nominado para ocupar una cátedra en el Ateneu Angrense de Letras e Artes. Durante este período, publicó sus primeros libros y se convirtió en miembro de la Academia Guanabarina de Letras, en Río de Janeiro.

En 2004, año en que cumplió 40 años, Roberto se vio afectado por un inmenso vacío existencial. Había abandonado el catolicismo en su juventud y se alejó por completo de las religiones. Su hermana, Nelsan, que vivía en São Paulo y se había hecho espírita hacía algunos años, lo invitó a conocer la Doctrina.

Roberto aceptó por curiosidad, pero cuando entró por primera vez en un Centro Espírita y escuchó una hermosa conferencia, se dio cuenta que estaba en el lugar correcto. En ese preciso momento, abrazó el Espiritismo. Comprometido a aprender lo más posible, se trasladó a São Paulo y se concentró en las obras de codificación, encaminando sus escritos a los fundamentos del espiritismo cristiano, insertando en ellos el funcionamiento de las leyes universales y los preceptos de la caridad, el amor a Dios y al prójimo., el perdón de las ofensas y el origen espiritual de los hombres.

La producción de esta nueva etapa literaria de su vida fue bien recibida por la Editora Aliança que, en 2006, publicó con gran éxito su primera novela: A Cabana das Flores. Actualmente, el autor supera la cifra de 200 mil libros vendidos, mezclando obra propia y mediúmnica, en una obra diversificada que incluye poesía, novelas, infantiles, artículos, cuentos, redacción periodística y biografías. Se convirtió en promotor del Espiritismo, también a través de conferencias que desarrolla sobre los temas constantes en sus obras. En 2010, asumió el cargo en la Academia de Letras da Grande São Paulo, ocupando la Silla 29, cuyo patrono es Humberto de Campos.

Comenzó su trabajo espiritual en 2005, en la Sociedade Espírita de Assistência Rodrigues de Abreu, en Vila Carrão. Posteriormente, trabajó en la Casa do Caminho Fraterno, en el barrio de Penha y, desde 2008, trabaja en el Grupo Espírita Pescadores de Amor, en Itaquera, en encuentros de asistencia espiritual, además de formar parte del equipo de oradores de la Casa.

BASILIO, UN AMIGO MUY ESPECIAL

Afirmando que ninguna manifestación artística positiva ocurre sin una importante ayuda espiritual, Roberto se da cuenta que la magnífica fuente de inspiración que lo rodea proviene de la espiritualidad, cada vez que se propone insertar en sus escritos los preceptos del Evangelio de Jesús.

Como este compañero espiritual no se identificó y, considerando la máxima que el mensaje es mucho más importante que el mensajero, se le sugirió adoptar el nombre en clave de Basilio para esta fuente inspiradora.

Según Roberto, ciertamente es un amigo muy querido que, a pesar de sus muchas imperfecciones, lo ayuda a realizar esta gratificante labor. La certeza de esta afirmación se debe, entre otras, a la aclaración hecha en *El Libro de los Médiums*, Segunda Parte, Capítulo XXTV, Identidad de los Espíritus, ítem, 28:

"...El médium experimenta las sensaciones del estado en que se encuentra el espíritu que se manifiesta. Cuando el espíritu está feliz, su estado es pacífico, tranquilo; cuando está infeliz, está agitado, febril, y esta agitación se transmite naturalmente a el sistema nervioso. del medio..."

Para Roberto, la inspiración para disertar sobre temas doctrinarios siempre llega con serenidad y alegría. Por lo tanto, la certeza de que, independientemente de cuál sea su verdadero nombre, su compañero Basilio, que lo asiste y lo guía, es un espíritu feliz.

LAS BENDICIONES DEL PERDÓN

Esclavo de una angustia contenida por mucho tiempo, en mi alma herida,

vagué por el mundo en un triste andar, sin entender la lógica de la vida.

Hice del rencor mi norte, mi camino, en una contrapartida ilusoria y vana.

Hice de mi existencia una gran nada y no heredé nada de mí cuando me fui.

Ahora espero la oportunidad de volver y vivir con los mismos que lastimé, siempre pensando que tenía razón.

Sé, hoy, que es necesario vencer el desastroso orgullo en que viví, sin compartir las bendiciones del perdón!

Soneto recibido por inspiración mediúmnica, en 11/07/2012 Roberto de Carvalho por el Espíritu Basilio

Del Traductor

Jesus Thomas Saldias, MSc., nació en Trujillo, Perú.

Desde los años 80s conoció la doctrina espírita gracias a su estadía en Brasil donde tuvo oportunidad de interactuar a través de médiums con el Dr. Napoleón Rodriguez Laureano, quien se convirtió en su mentor y guía espiritual.

Posteriormente se mudó al Estado de Texas, en los Estados Unidos y se graduó en la carrera de Zootecnia en la Universidad de Texas A&M. Obtuvo también su Maestría en Ciencias de Fauna Silvestre siguiendo sus estudios de Doctorado en la misma universidad.

Terminada su carrera académica, estableció la empresa *Global Specialized Consultants LLC* a través de la cual promovió el Uso Sostenible de Recursos Naturales a través de Latino América y luego fue partícipe de la formación del **World Spiritist Institute**, registrado en el Estado de Texas como una ONG sin fines de lucro con la finalidad de promover la divulgación de la doctrina espírita.

Actualmente se encuentra trabajando desde Perú en la traducción de libros de varios médiums y espíritus del portugués al español, habiendo traducido más de 160 títulos, así como conduciendo el programa "La Hora de los Espíritus."

Índice

Introducción..11

PRIMERA PARTE...13

   1.- Confrontación..14

   2.- Tristezas 19

   3.- Prisión...24

   4.- Afinidades..28

   5.- El amor..32

   6.- Celos...35

   7.- Premio...39

   8.- Prosperidad 43

SEGUNDA PARTE 47

   9.- Oscuridad 48

   10.- El justiciero..53

   11.- Bienvenidos 57

   12.- La aldea...61

   13.- En familia 66

   14.- Viejo crimen...70

   15.- Venganza 74

   16.- Ojo por ojo 78

   17.- El juicio...83

TERCERA PARTE..89

   18.- El hipnotizador...90

   19.- La enfermedad..96

   20.- Amor fraterno...100

   21.- Historia intrigante...104

   22.- Renuncia 107

23.- El tratamiento 111

24.- Sesión mediúmnica 115

25.- Revelación 119

26.- Ilusionismo 122

CUARTA PARTE 126

27.- La invitación 127

28.- Embarazo delicado 132

29.- Actitud de amor 137

30.- La elección 141

31.- Epílogo 145

¿Por qué medios podemos neutralizar la influencia de los malos espíritus?

Haciendo el bien y poniendo toda vuestra confianza en Dios, repeleréis la influencia de los espíritus inferiores y destruiréis el imperio que quieren tener sobre vosotros. Evitad escuchar las sugestiones de los espíritus que suscitan en vosotros malos pensamientos, que suscitan discordia entre vosotros y excitan todas las malas pasiones. Sobre todo desconfiad de los que exaltan vuestro orgullo, porque os atacan en vuestra debilidad. Por eso Jesús os enseñó a decir en vuestra oración dominical: "¡Señor! No nos dejes caer en la tentación, más líbranos del mal."

El Libro de los Espíritus – Pregunta 469

INTRODUCCIÓN

Siendo la muerte del hombre un efecto meramente físico, al que el espíritu siempre sobrevive, es natural que haya un intercambio entre las personas que habitan los dos planos.

Por imperfecciones morales, los hombres, a lo largo de su existencia, acumulan antipatías y enemistades que no se disuelven con la desencarnación del adversario. Así, el enemigo puede continuar la persecución, aun después de haber salido de la Tierra, manifestando su maldad por las obsesiones y sometimientos que afectan a tantos.

Un espíritu endurecido por el odio, hasta que su conciencia sea despertada para siempre, utilizará innumerables recursos para lograr su objetivo de venganza. Entre ellos, la influencia mental para cometer delitos, para inducir el suicidio o para la inserción psíquica de enfermedades, cuyos síntomas pueden manifestarse en el cuerpo físico.

Para influir en un encarnado, el Espíritu vengativo aprovecha las circunstancias favorables o incluso las provoca, para empujar a la víctima hacia el objeto de un deseo apasionado. En otras palabras, utiliza las propias malas inclinaciones morales del encarnado para inducirlo en el camino de la perdición. Los procesos obsesivos son permitidos por Dios como instrumentos destinados a probar la fe y la constancia en el bien de los hombres. Cuando las malas influencias llegan a una persona, es porque se sintió atraída por ella. En otras palabras, Dios deja a la conciencia de cada uno la elección del camino a seguir.

Para neutralizar la influencia de los malos espíritus es necesario, además de la oración y la vigilancia, ciertos cambios de comportamiento, como el amor al prójimo, la compasión y la práctica de la caridad, como enseñó Jesús. Es a través de buenos pensamientos y actitudes positivas que el hombre destruye en sí mismo la causa que atrae y permite la acción del Espíritu obsesor.

PRIMERA PARTE

1.– Confrontación

"Mientras una gota de sangre corra sobre la Tierra por las manos de los hombres, aun no habrá llegado el verdadero Reino de Dios, ese reino de paz y de amor, que debe desterrar para siempre de vuestro globo la animosidad, la discordia y la guerra"

El Evangelio según el Espiritismo — Cap. tercero; artículo 12

Los hechos sucedieron muy rápidamente, sin que Juliano tuviera tiempo de razonar y evitarlos. Solo recordaba el momento en que, habiendo sufrido una especie de vértigo, producido por un primitivo instinto de supervivencia, cometió el error.

Un poco antes, se había despedido de Flora aquella noche de sábado, después de tres horas de agradable cortejo, en el balcón de la casa de la muchacha. Eran muy jóvenes; él tenía veinticuatro años y Flora acababa de cumplir veintiuno, habían intercambiado anillos de compromiso y fijado una fecha de boda para un año. Doña Francisca, la futura suegra de Juliano, había servido jugo de cereza y pan de maíz para celebrar la noticia. Ella adoraba a su yerno y lo trataba con mucho cariño.

Al despedirse, Juliano les prometió a las dos que se iría directo a casa.

- Por favor, no pases por la barra - le advirtió la novia mientras le acariciaba la cara con el dorso de la mano - Tengo malos augurios, ya que tuve un mal sueño anoche.

Desde muy joven, Flora tuvo una aguda intuición; tenía el don de prever los acontecimientos, a través de los sueños, y preveía innumerables acontecimientos dentro y fuera del ciclo familiar.

Esa noche estaba preocupada por su prometido, porque sabía que Ulises había vuelto a rondar por el barrio, amenazando, insultando y jurando venganza.

De hecho, eso era lo que venía haciendo desde que se enteró de la relación entre Juliano y Flora. Pero en los últimos días, su inconformidad parecía haber alcanzado proporciones alarmantes, como la joven había llegado a saber.

Ante el llamado de la novia, Juliano aseguró que se iría a su casa y se despidió sonriendo, tratando de tranquilizarse. Sin embargo, al pasar por delante del bar, sintió unas ganas irresistibles de entrar. Era una calurosa noche de verano y estaba de humor para una cerveza.

Se detuvo frente al establecimiento y vio que unos amigos estaban jugando al billar, conversando animadamente. Al verlo, los colegas lo invitaron a unirse al juego. Al principio, Juliano se mostró reacio. Después de todo, también estaba al tanto de las amenazas de Ulises y sabía que su oponente era un visitante frecuente de ese lugar. Aun así, acabó entrando.

Dentro del bar, notó la ausencia de Ulises y esta percepción lo tranquilizó mucho.

No es que tuviera miedo de su rival, simplemente no quería meterse en problemas. Sobre todo ahora, que estaba de novio con la chica que tanto amaba, lleno de proyectos prometedores para el futuro.

Saludó a sus amigos con alegría, estrechándoles la mano a cada uno. Pidió un trago, consiguió un taco de billar y se metió en el juego, emocionado y relajado.

Pero la paz duró poco, porque a los pocos minutos llegó Ulises. Se veía horrible; pobremente vestido, sin afeitar, y la expresión de su rostro parecía un ceño fruncido.

Ulises pareció no darse cuenta de la presencia de Juliano. Fue al mostrador, pidió que le llenaran una copa de aguardiente y se la tomó en un suspiro. Luego se sentó en un taburete, encendió un cigarrillo y miró alrededor de la habitación, encontrando finalmente al muchacho.

A partir de entonces, Ulises no apartó los ojos de Juliano, mirándolo con una postura de indisimulada afrenta y provocación. Aunque parecía distraído, el prometido de Flora era plenamente consciente de sus movimientos. Un detalle que preocupó bastante a Juliano fue que notó un bulto debajo de la camisa de Ulises, a la altura de la cintura. Dedujo que el adversario estaba armado y esto lo puso muy aprensivo.

Aun así, siguió jugando con sus compañeros, disimulando el tremendo malestar que sentía en ese momento, incluso lamentando no haber cumplido su promesa a Flora e irse directo a casa.

Pensó en irse, pero su amor propio no se lo permitió. Pensó que si se iba en ese momento daría la impresión que estaba acobardado, y eso era inconcebible.

De hecho, nadie quería admitirlo, pero el ambiente se había vuelto muy tenso en esa habitación desde la llegada de Ulises. Para nadie era un secreto lo enojado que estaba por haber sido canjeado por un "forastero", el apodo que le había puesto a Juliano porque el joven no había nacido en esa ciudad. Todos sabían la pasión enfermiza que tenía por Flora y seguro que aquel encuentro tuvo todo para acabar muy mal.

Después de beber un poco más de aguardiente, Ulises se acercó a la mesa de billar. Juliano también trató de beber un poco más. Los dos buscaron en el alcohol un estímulo para la inevitable confrontación que se estaba gestando.

Juliano sintió un escalofrío inquietante en el momento en que Ulises posó pesadamente su mano sobre su hombro y, haciéndolo girar el rostro hacia él, gruñó, con los ojos inyectados en sangre por la ira:

- ¡Eres hombre muerto, chico! – Al ver el odio estampado en el rostro de Ulises, Juliano sintió que sus ojos se oscurecían y una oleada de antipatía, hasta entonces reprimida en su corazón, estalló de manera espectacular, provocándole un escalofrío febril que le recorrió toda la columna vertebral y lo colocó en el mismo nivel mental que su adversario.

- ¿Quién se cree que es este idiota para estar persiguiéndome y amenazándome todo el tiempo? – Se dijo a sí mismo, su voz llena de indignación.

En ese momento, recordó la posible arma que el adversario tenía en la cintura y se convenció que la única forma de salir con vida de ese enfrentamiento sería no darle ninguna posibilidad de empuñarla.

Y fue así como, empujando con mucha fuerza a Ulises, Juliano lo empujó lo suficiente como para poder levantar el taco de billar a cierta altura. Utilizando el extremo de apoyo de la pieza, que era bastante grueso y estaba rodeado por una pesada tapa de metal, le asestó un único golpe violento, preciso y definitivo en el cráneo.

Todo esto sucedió en un instante. Muchos de los presentes solo se dieron cuenta de la gravedad del hecho en el momento en que el chico, sin emitir un solo gemido, cayó pesadamente al suelo del bar. Al caer, se le levantó la camisa y todos pudieron ver que el saliente que sobresalía de la cintura de Ulises era promovido por un revólver, debidamente cargado.

Después de unos segundos de silenciosa y tensa expectación, un hombre que era enfermero y estaba tomando sorbos en la barra, dejó su vaso sobre el mostrador, se agachó sobre el cuerpo inerte de Ulises y, tratando en vano de escuchar su corazón, exclamó en voz alta. voz fuerte, desanimada, mientras sacudía la cabeza y chasqueaba la lengua:

– ¡Está muerto!

2.- Tristezas

"Amémonos unos a otros y hagamos a los demás lo que nos gustaría que hicieran con nosotros. Toda la religión y toda la moral se encuentran en estas dos enseñanzas. Si se siguieran aquí en la Tierra, todos seríais perfectos, sin odio, ni conflictos."

El Evangelio según el Espiritismo – Cap. XIII; artículo 9.

Las piernas de Juliano temblaban y su corazón latía completamente fuera de ritmo. Su estómago se revolvía con fuertes contracciones y su vista, después de haber pasado por un breve período de nubosidad, volvía muy lentamente a la normalidad.

Y fue en medio de esta apatía que sintió que una mano firme lo agarraba del brazo y prácticamente lo sacaba a rastras del bar. Era Reinaldo, el hermano de Flora, quien intentaba sacarlo de allí.

– ¡Vamos, Juliano! ¡La policía estará aquí pronto, chico!

Totalmente desconcertado, Juliano se dejó arrastrar y colocar dentro del auto de su cuñado, el cual arrancó a la carrera, perdiéndose en la oscuridad de la noche.

Reinaldo condujo en silencio y Juliano tampoco dijo nada. Estaba completamente apático, confundido, incapaz de organizar sus pensamientos. Un terrible malestar lo envolvió por completo. De repente, como si hubiera despertado de ese trance, le preguntó a su cuñado:

– ¿Adónde vamos?

- ¡No lo sé! - respondió Reinaldo - Donde sea... Lo importante es que lleguemos lo más lejos posible.

Juliano volvió a guardar silencio durante unos segundos. Luego, con convicción, prácticamente ordenó:

- Detén el auto, Reinaldo.

- ¿Estás loco, muchacho? Es posible que a estas alturas haya un coche de policía detrás de nosotros...

- ¡Detenga el auto, por favor! Juliano insistió. incluso molesto - reinaldo estacionó en el camino del desierto. Apagó el motor y apagó los faros del vehículo.

- Está todo mal...

- ¡Por supuesto que sí! Acabas de matar a un hombre, la policía debe estar buscándote, y nosotros estamos aquí...

- Lo que está mal es este intento de fuga, Reinaldo. No huiré de mis responsabilidades y mucho menos complicaré tu vida.

- ¿Mi vida? ¡Tú eres el que tiene la vida complicada, muchacho! Solo te estoy ayudando...

- Y con eso, también estás cometiendo un delito. Me estás ayudando a escapar.

- ¿Y? No estoy preocupado por eso. Nadie querrá hacerme daño sacándote de este lío...

- ¡No seas ingenuo, Reinaldo! Mucha gente nos vio salir juntos en tu coche. Es natural que testifiquen contra ti. Por favor maniobra el auto y volvamos a la ciudad.

- ¡Pero te arrestarán en el acto! La situación se pondrá mucho más complicada...

- No importa, Reinaldo. Te agradezco desde el fondo de mi corazón por tu intento de ayudarme, pero no quiero huir. Quiero volver a la ciudad, necesito presentarme ante el jefe de policía y responder por el crimen que cometí.

- Pero, ¿y Flora? Te vas a casar...

- Razón de más para no seguir adelante con este escape. No quiero pasar el resto de mi vida huyendo como un cobarde. Entonces, ¿cómo podría ofrecerle a tu hermana un futuro digno?

Y los dos se quedaron un poco más en silencio, escuchando solo el ruido nocturno que hacían las ranas y los grillos alrededor del vehículo. Reinaldo respiró hondo y finalmente rompió el silencio:

- Sigo pensando que deberíamos...

- ¡No! - interrumpió Juliano -. Por favor maniobra el auto y regresa a la ciudad.

Sin más condiciones que discutir, el hermano de Flora arrancó el auto, hizo la maniobra y tomó el camino de regreso. No se dijeron nada más en el camino.

✳ ✳ ✳

Reinaldo estacionó el auto frente a la comisaría, donde ya había un gran alboroto, por el asesinato que acababa de ocurrir. Juliano se presentó ante el jefe de policía, diciendo que quería responder por el crimen cometido y, de inmediato, fue detenido.

Los siguientes días estuvieron llenos de tristeza y humillación para Juliano. Pero lo que más lo desanimó fue presenciar la desesperación de Flora, llorando desconsoladamente, con sus ojos asustadizos siempre empañados por una sombra de desesperanza.

El ansiado matrimonio tendría que esperar, pues ya no era una prioridad.

Como si todas estas desgracias no fueran suficientes, Juliano seguía siendo amenazado de muerte por el padre de Ulises, quien estaba descontento con el asesinato de su único hijo, que tenía poco más de 26 años. A través de comentarios se supo que Peixoto, mostrando un total descontrol emocional, se arrodilló ante el ataúd de su hijo durante el velatorio y, entre lágrimas, prometió:

- ¡Mi querido Ulises! ¡Donde quiera que estés, quiero que descanses en paz, porque vengaré tu muerte, hijo mío! ¡Este asesino que te quitó la vida pagará muy caro lo que hizo!

Dolores, aunque corroída por el dolor y la ira, desaprobó la actitud de su marido. Él también estaba sufriendo mucho por la muerte de su hijo, pero pensaba diferente. Fue una mujer religiosa, colaboradora servicial en la Iglesia Católica y amiga personal del padre Juan. Creía en la justicia divina y pensaba que los desacuerdos de los hombres debían estar siempre bajo el juicio de Dios.

Cuando llegue el día del juicio y los ángeles suenen sus trompetas, ¡ningún pecador quedará sin castigo! - Aseguró -. Incluso los que están muertos tendrán que dejar sus tumbas y presentarse ante Dios para el juicio de sus pecados. Pero para Peixoto, que asegura no tener ni rastro de fe, debía prevalecer la ley del "ojo por ojo." Juliano pagaría cara la fechoría, pero ajustaría cuentas con él y no con la deidad invisible y silenciosa a la que su mujer se refería como la máxima autoridad universal.

*** * ***

Mientras esperaba el juicio, Juliano estuvo recluido en una pequeña celda en la comisaría local. Como prácticamente no había delitos en ese bucólico pueblo, pasaba la mayor parte del tiempo solo. La comisaría estaba ubicada en un barrio periférico, lejos del bullicio de las calles centrales, donde los días eran terriblemente silenciosos.

Flora siempre lo visitaba y, en estas visitas, reforzaba su deseo de casarse con él. Juliano protestó diciendo que ya era un asesino, que no sabía cuánto tiempo estaría en la cárcel, que ella siguiera con su vida, que buscara a otro...

Pero en esos momentos Flora ponía su dedo índice en sus labios y lo callaba con ternura.

¡No importa cuánto tiempo tome! Eres el único hombre con el que pretendo casarme. Así que si estás pensando en escapar de mí, déjalo. Estaré afuera esperándote, cueste lo que cueste - estaba diciendo, tratando de poner un tono juguetón en su voz, para relajarlo. Su actitud hizo que Juliano se emocionara mucho. Flora notó la reacción del novio, lo abrazó, besó su rostro y, mirándolo profundamente a los ojos, reafirmó:

– ¡Te quiero mucho, Juliano! ¡Pase lo que pase, nunca me rendiré contigo!

Reinaldo, quien era socio de Juliano en un próspero taller de carpintería, también lo visitaba regularmente, manteniéndolo informado sobre las actividades de la empresa. A pesar del escándalo causado por el trágico suceso, el negocio marchaba relativamente bien. No había razón para preocuparse por eso.

En estas visitas, Reinaldo suministró a Juliano las cosas que necesitaba para permanecer en prisión con un mínimo de comodidad y dignidad.

3.- Prisión

"El hombre puede suavizar o agravar la amargura de sus pruebas por la forma en que mira la vida terrena. Sufre más cuando cree en una mayor duración de su sufrimiento. Pero si mira la vida terrena desde el lado de la vida eterna del espíritu, lo entiende como un punto en el infinito y comprende lo breve que es, diciéndose a sí mismo que este tiempo difícil pasará muy rápido."

El Evangelio según el Espiritismo – Cap. V; artículo 13.

Durante el tiempo de soledad que estuvo en la comisaría, esperando el juicio, Juliano pasó horas mirando el rectángulo vertical formada por la única y pequeña ventana, protegida por barrotes, situada en la pared opuesta al palet.

La celda estaba en el tercer piso de un edificio antiguo, y a través de la pequeña ventana el preso podía ver un trozo de cielo y fragmentos de techos blanqueados, de los que brotaban diminutos lechos de musgo y enredaderas. Vio la escena pobre y monótona de las rústicas chozas de paredes grises que bordeaban las calles estrechas, empinadas y polvorientas; atravesada por las zanjas que cavaban las inundaciones en época de fuertes lluvias.

Por la mañana, los cerros estaban iluminados por el sol naciente y el pequeño barrio lucía sonriente, como un niño que, encerrado en un cuarto oscuro, ha proyectado sobre su rostro la luz dorada de un farol. Al caer la tarde, la mancha oscura, formada por las sombras de las laderas, se proyectó sobre las casas, a causa de la puesta del sol poniente, dando al pueblo un aspecto frío y desolado.

Los días de encarcelamiento en esa pequeña celda estuvieron completamente desprovistos de novedad.

Luego llegó la noche y, con ella, el sueño. Juliano durmió con relativa tranquilidad y despertó cuando la nueva luz de la mañana penetraba en la celda por la pequeña ventana y por las grietas del viejo techo, provocando grietas secas en la maraña de tejas, vigas y vigas, que como un fantasma atento y silencioso, lo miraba desde arriba.

Un policía aparecía rutinariamente para atender las necesidades del prisionero, pero siempre tenía prisa y se comunicaba con monosílabos.

La mayor parte del tiempo, entregado a la soledad de la prisión, Juliano se permitía viajar a su infancia. Fue allí, en la antigua finca donde se crio, entre árboles, ríos, campos y animales que se reconoció como realmente lo era: un niño ingenuo que corría por los prados, sintiendo el viento en la cara. El niño sencillo y obediente que siempre escuchaba con respeto y seguía los consejos de sus mayores. Cada vez que pensaba en su infancia, antes que en cualquier otra imagen, le venían a la mente las nubes blancas que, en los días despejados, se deslizaban suavemente muy cerca de su cabeza.

En su infancia, Juliano se recostaba en el pasto, imaginando figuras aladas que se formaban y transformaban bajo la acción del viento. La vieja imagen de aquellas nubes que se metamorfoseaban ante sus ojos tenía una connotación poética que marcó profundamente su alma deslumbrada de campesino.

Alrededor de la casa, en una huerta diversificada, estaban repartidos los árboles frutales: naranjos, guayabos, caquis y, sobre todo, las moreras que allí había en gran cantidad. El trinar del batallón de pájaros que se infiltraba en las ramas comenzaba al amanecer y se prolongaba hasta las horas del crepúsculo, en una inagotable y festiva anarquía de cantos y batir de alas.

También recordó el jardín, creado y muy bien cuidado por su madre. En él, rosas, claveles, dalias y margaritas se mezclaron en fragancias y colores, propiciando un escenario inolvidable, donde mariposas y colibríes se desplegaron en desfiles multicolores.

Todo lo que podía recordar de su padre eran sus regaños, su perenne mal genio y la espesa barba que ocultaba la mayor parte de su rostro. De su madre, Juliano había guardado el recuerdo del cariño que ella le había brindado, las caricias de su cabello mientras no llegaba el sueño, y el cálido beso, cuya agradable sensación se prolongó durante horas en su rostro.

Juliano no sintió pasar el tiempo y los años felices de su infancia desvaneciéndose lentamente, como el paisaje que permanece estático mientras el vehículo continúa su viaje.

Distraído, no se dio cuenta que los miembros de su familia envejecían prematuramente; su madre decayó y su padre murió de borrachera, después de haber perdido la hacienda heredada de sus antepasados, en juegos de azar y orgías mundanas.

El niño creció sin darse cuenta que estaba creciendo. Desde muy temprano, la vida le dio responsabilidades de las que no podía escapar. De repente, había perdido el consuelo, la alegría y la paz. Estaba necesitada de apoyo y alimento, arrastrando con ella la pesada carga que se convirtió en la madre demente.

Se vio obligado a abandonar sus estudios y prestarse a los demás. Pasó lo que le quedaba de adolescencia arando tierras ajenas, compartiendo migajas y favores con gente extraña y no siempre instruida. Para sobrevivir, tuvo que superar obstáculos y compartir lo poco que pudo con su madre desorientada.

Estaba a punto de cumplir 18 años cuando, una mañana, cuando fue a despertar a su madre, la encontró muerta. La mujer había fallecido durante la noche, en silencio. Sería falso si dijera que lamentó su muerte. De hecho, aunque la amaba, se sentía liberado de ese pesado compromiso. No pudo evitar que las lágrimas de dolor lavaran su rostro y un fuerte sentimiento de vacío invadiera su alma, pero no había nada más que hacer.

Enterró a su madre, plantó cravines en la tierra fértil que cubría el ataúd, plantó una cruz de madera sobre la tumba, tomó las pocas pertenencias que tenía y conquistó el mundo.

4.- Afinidades

"Por la reencarnación en el mismo globo, Dios quiso que los mismos espíritus se volvieran a encontrar y tuvieran la oportunidad de reparar los errores que habían cometido entre ellos. Teniendo en cuenta sus relaciones anteriores, quiso establecer y asegurar lazos familiares sobre una base espiritual y, sobre una ley natural, sustentan los principios de solidaridad, fraternidad e igualdad"

El Evangelio según el Espiritismo – Cap. IV; artículo 25.

El tren que seguía por montañas y prados, lanzando espirales de humo por el aire, hizo para el joven un camino sin retorno. Llevando un pobre equipaje, en una vieja maleta, vio alejarse cada vez más su patria.

Tenía en mente proyectos para trabajar y crecer, para llegar a ser alguien en la vida. Estaba dispuesto a hacer trabajos manuales y creía en la capacidad de crecimiento de los hombres honestos y trabajadores.

Aterrizó en la gran ciudad, a cientos de kilómetros del lúgubre rincón donde nació, lleno de esperanza. Pero pronto comenzó a sentirse como un pez fuera del agua. Se dio cuenta que su ingenuidad contribuyó a que fuera víctima de explotación e insultos.

En los pocos trabajos que consiguió, trabajó duro y no ganó casi nada. Los patrones lo explotaban sin escrúpulos y prescindían de él a la menor molestia.

Juliano se sintió solo, abandonado y engañado por la gente de la ciudad. Además, la contaminación del medio ambiente, el ruido infernal promovido por motores, bocinas y silbatos; el agarre que enfrentó en cada lugar, las filas interminables, la dificultad de moverse; la indiferencia de la gente... Todo esto lo sorprendió negativamente. Se sentía mareado en medio de la multitud, chocando constantemente con personas y postes, como si estuviera borracho durante el día. Muy pronto descubrió que no era un hombre urbano.

Un día, Juliano se cansó de todo. Salió de la metrópoli y prosiguió su viaje; esta vez a pie, o haciendo autostop. Ganó el campo, atravesó el paisaje con el que se estaba familiarizando. Cada vez más alejado de las tierras de su infancia, pasó por varios pueblos, donde siempre hacía algún mandado para ganar algo de cambio, alimentarse, comprar algo de ropa y seguir adelante.

Un año y medio después de enterrar el cuerpo de su madre y dejar su tierra natal, llegó, casi por casualidad, a un pueblo ubicado en el extremo norte del estado de Minas Gerais. Allí pretendía, como en las ocasiones anteriores, trabajar, conseguir algo de dinero y continuar su viaje.

Sin embargo, conoció a Domingo, un viejo carpintero que lo contrató para lo que se suponía era un trabajo temporal y que terminó convirtiéndose en un trabajo estable, ya que un fuerte lazo de simpatía los unió de manera sorprendente.

Domingo era muy popular en ese entorno, no solo por ser un profesional competente y responsable, sino también por su manera alegre y educada de tratar a las personas.

Nació en Maranhão y estaba establecido en ese municipio desde hacía más de tres décadas. Llegó en un momento en que la localidad atravesaba un acelerado proceso de desarrollo económico, debido al descubrimiento de valiosos minerales en el subsuelo de las montañas que lo rodeaban.

Aprovechando la excesiva demanda de mano de obra especializada, ya que se estaban construyendo muchas viviendas para albergar a los empleados de una empresa minera que se asentaba en la región, el carpintero comenzó a desarrollar el oficio que había aprendido de un padrino.

Instalando puertas y ventanas, levantando tejados, construyendo portones... En definitiva, desarrollando cualquier tarea que se refiriera al trato con la madera, contribuyó al crecimiento del municipio y conquistó allí un espacio importante. También fue allí, a los cuarenta años, donde conoció a Francisca, una maestra diez años menor que él, con quien se casó y formó una familia. Del exitoso matrimonio nacieron los hijos Flora y Reinaldo.

Años después, cuando el ritmo de construcción se había desacelerado y la minería ya no era la principal fuente de ingresos del municipio, Domingo se estabilizó razonablemente y tuvo su taller bien estructurado. Construida en un concurrido distrito comercial, la carpintería pronto se convirtió en un reconocido punto de referencia en esa región.

Con el paso del tiempo, el carpintero comenzó a sentir el peso de la edad agobiando su organismo. Fue entonces cuando empezó a barajar la posibilidad de retirarse. Sin embargo, no concebía la idea de dejar huérfano al pueblo, que tan bien lo había acogido, de un profesional competente y responsable como él.

Domingo conocía la importancia de su trabajo y había tratado en vano de encontrar a alguien dispuesto a reemplazarlo. Cuando el candidato estaba interesado, no tenía habilidad para el oficio. cuando tuvo habilidad, no era lo suficientemente responsable y confiable. Su hijo Reinaldo, además de ser muy joven, era uno de los que no tenía las habilidades para el oficio, para gran decepción de Domingo. Fue por eso que se emocionó tanto al darse cuenta que Juliano tenía todas las virtudes que buscaba en un posible sucesor, e insistió en que el muchacho permaneciera a su lado.

Como el nuevo asistente no tenía dónde quedarse, Domingo lo alojó en un pequeño apartamento construido en la parte trasera de la carpintería.

Eran alojamientos sencillos, pero acogedores y razonablemente cómodos.

Entre ambos floreció una profunda y sincera amistad, basada en el respeto mutuo y la disposición que ambos tenían para el trabajo. Y esta afinidad fue tan cierta que Domingo empezó a tratar a su joven amigo como si fuera un hijo adoptivo.

Juliano se encariñó con el oficio de su protector y, como un discípulo atento y disciplinado, absorbió diariamente los conocimientos que se le daban.

5.– El amor

"No creáis en la sequedad y el endurecimiento del corazón humano. Se entrega, incluso contra su voluntad, al amor verdadero. Es como si fuera un imán que no puede ser resistido. El contacto de este amor vivifica y fecunda las semillas de esta virtud que hay en nosotros, vuestros corazones dormidos."

El Evangelio según el Espiritismo– Cap. XI; artículo 9.

Un día, Domingo llamó a Juliano para reparar el techo de su propia casa; una casa elegante y muy hermosa; el cual estaba ubicada en una de las calles centrales del municipio.

La esposa del ebanista era una mujer extremadamente amable y recibió muy amablemente al nuevo asistente de su esposo:

– ¡Vaya! ¡Veo que mi esposo finalmente encontró un reemplazo! – Bromeó, mientras saludaba a Juliano.

– ¡Gracias a Dios! – Respondió el carpintero, levantando las manos al cielo –. El Creador decidió escuchar mis oraciones y me envió a este joven como regalo. Es un buen muchacho y ha llegado en el momento justo, que la edad está castigando cada vez más a mi pobre esqueleto.

Los dos se echaron a reír y Juliano, un poco avergonzado, acabó riéndose también.

Antes de empezar a trabajar, doña Francisca les sirvió un copioso desayuno y se quejó de las goteras. Dijo que la tormenta que había caído la semana anterior había dañado la cresta y había estropeado algunas tejas.

- La casa vieja, hijo mío, es como la gente vieja. Siempre necesita reparaciones – comentó con buen humor, lo que provocó la risa de Juliano.

– ¡No te preocupes cariño! – Domingo la tranquilizó –. Todo lo que necesitaba era un asistente competente. ¡Y ahora que lo tengo, el ático de nuestra casa se verá como nuevo! Y en poco tiempo estaban en el techo, arreglándolo. Pero lo que al principio parecía una tarea sencilla resultó ser mucho más complicada. El carpintero experimentado se dio cuenta que toda la estructura de soporte del techo estaba comprometida. Las vigas y cabríos se estaban pudriendo por la humedad que se filtraba por las grietas de las tejas. Su la evaluación fue bastante negativa y el trabajo tardó casi tres meses en completarse.

***

Fue mientras tanto que Juliano y Flora se conocieron y, desde el primer momento en que se vieron, se llenaron de encantos; en una inequívoca reciprocidad de sentimientos.

La joven, que tenía poco más de 17 años, a pesar de tener una timidez natural, no pudo ocultar por mucho tiempo la atracción que comenzó a sentir por el ayudante de su padre. De hecho, nadie en esa casa dejó de notar lo atraídos que estaban los dos.

Juliano era un joven de aspecto agradable. Tenía un cuerpo atlético, de tamaño mediano, piel oscura, que armonizaba con su ondulado cabello negro, y un par de ojos almendrados, de los cuales brotaba un brillo enigmático que sugería que era un alma pacífica y, al mismo tiempo… triste.

Flora estaba experimentando los años dorados de la transformación física. Su cuerpo adolescente comenzaba a florecer en la juventud, adquiriendo contornos encantadores. Su rostro era de singular belleza, su piel clara, sus ojos verdes, altivos y, enmarcando su hermoso rostro, una rica cabellera roja, cuyos rizos descansaban delicadamente sobre sus hombros.

Reinaldo, dos años menor que su hermana, también fue muy comprensivo con Juliano. El joven recién llegado a la ciudad, con su manera sencilla y educada, tenía el don natural de cautivar a la gente y se ganaba el corazón de la familia Domingo.

Y así fue, bajo la bendición de la familia de Flora, que los dos iniciaron un tímido noviazgo, fomentado por un sentimiento puro y sincero que calentaba sus jóvenes corazones y que se fortalecía con el paso del tiempo.

Comenzaron a caminar juntos los fines de semana, frecuentando los pocos lugares donde dos jóvenes enamorados podían divertirse en esa ciudad: un pequeño cine; una plaza arbolada, con bancas de mármol, que daba a la iglesia; y un pequeño parque donde jugaban los niños, y un anciano de larga barba blanca, empujando un carrito multicolor, vendía palomitas de maíz y algodón de azúcar, repetía un canto nostálgico, mientras tocaba una campanita:

– ¡Golosinas del abuelo Anastácio! ¡Quién querrá probar!

No tardó en correr por los cuatro rincones del municipio que la hija de doña Francisca coqueteaba con el "chico que venía de fuera", como trataban al ayudante del ebanista Domingo.

Este fue un período de gran alegría para los jóvenes amantes; un tiempo de felices descubrimientos que les calentaba el alma y hacía vibrar cada fibra de su corazón. Para Juliano, la presencia de Flora representó un mar de calma y dulzura, haciéndole olvidar los viejos percances que precedieron a la aparición de su novia en su vida. Para ella, Juliano representaba la esperanza de un futuro afectivamente prometedor.

6.- Celos

"... Si fuéramos humildes, no sufriríamos los desengaños del orgullo herido; si practicásemos la ley de la caridad, no seríamos calumniadores, ni envidiosos, ni celosos, y evitaríamos desacuerdos y discusiones; si no hiciéramos daño a nadie, no tendríamos miedo a la venganza."

El Evangelio según el Espiritismo – Cap. XXVIII; artículo 12.

Pero el noviazgo entre Juliano y Flora no fue celebrado por todos los vecinos de esa ciudad. Juliano se percató de este hecho un día cuando fue abordado agresivamente por un chico un poco mayor que él, quien le dijo que se llamaba Ulises.

El sujeto estaba completamente fuera de control cando se le acercó:

– Es bueno que sepas que Flora ha sido mi prometida desde la infancia. Soy yo con quien se casa, no un "forastero" que vino aquí sin invitación. ¡Así que será mejor que no te metas con ella! De hecho, les harías un gran favor a todos si regresara al infierno del que viniste – dijo truculentamente, mirando con enojo a los ojos de Juliano.

El novio de Flora no se intimidó, pero se dio cuenta que debía tener cuidado con este tipo. Aunque nunca antes lo había visto, la sensación que experimentó al encontrarse con Ulises fue tremendamente desagradable, lo que lo obligó a buscar en su memoria algún remanente de recuerdos, para descubrir de dónde lo conocía. Trató de encontrar alguna razón en el pasado para justificar tal adversidad, pero concluyó que este joven truculento le era totalmente desconocido.

De todos modos, se sintió incómodo con el episodio y decidió aclarar la historia con la única persona que realmente le interesaba.

Pero Flora le aseguró que no había nada entre ella y Ulises.

- Al parecer, este chico tiene algún tipo de complicación mental - dijo la chica. Ha estado albergando la tonta ilusión que hemos sido amantes desde la infancia; solo porque, un día, mi madre bromeó con su madre, diciendo que los dos hacíamos un hermoso par. Era una broma inocente, porque en ese momento solo tenía 8 años. Pero para Ulises, el comentario ingenuo de mamá se convirtió en una obsesión, y empezó a considerarme su prometida. Pero el único sentimiento que despierta en mí este chico es miedo.

- ¿Le tienes miedo? ¿Por qué?

- ¡No lo sé! Estoy aterrorizada por la forma en que me mira. En el fondo, me parece que me odia mucho más que a cualquier otra cosa. El loco ya ha creado varias confusiones, llegando al punto de atacar a unos chicos, solo porque sospechaba que están interesados en mí.

- Vaya, qué fijación... - observó Juliano, mostrando molestia.

Flora no pudo contener la risa.

- ¿Qué pasa, Juliano? ¿Estás celoso de Ulises?

- ¿Y no es para tener?

- ¡Y por supuesto que no, tonto! Nunca le di ninguna razón para sentirse con derecho a hacerlo. Si no me he preocupado por esto hasta hoy, fue porque tu actitud no me molestaba. Pero ahora es diferente. Estamos juntos y no voy a dejar que se interponga en nuestra relación.

- Lo más extraño es... - Juliano comenzó un comentario, pero de repente detuvo la oración, dejando a Flora curiosa.

- ¿Qué es "lo más raro? - Preguntó la chica, imitando la voz de su novio.

Juliano hizo un gesto desdeñoso.

- Nada, no. ¡Olvídalo!

- ¡Ay, no lo olvidaré! - Flora insistió, poniendo sus manos en sus caderas - Comienzo, fin.

Juliano trató de calmarla.

- ¡Tranquila, Flora! No es nada para ti, no. Seguramente es solo una tontería; algo sin importancia...

- Razón de más para que me digas de qué se trata.

- Y que tuve la sensación que ya conocía a este Ulises.

- Y probablemente así sea. Después de todo, has estado viviendo aquí por un tiempo. Debes haberte topado con él en alguna parte.

- Ahí está el misterio. A partir de aquí, estoy seguro que no lo es. Nunca lo he visto en esta ciudad. Si lo conozco, debe ser de otro lugar.

Flora miró con incredulidad.

- Esto es prácticamente imposible. Ulises es un chico muy complaciente. Vive encerrado en la finca de sus padres, o deambulando por las calles, sin metas en la vida. Ciertamente nunca salió de esta ciudad. Debes haber conocido a alguien como él.

- Sí, Flora, tienes razón. Debo haber confundido a tu amante con otra persona.

Flora golpeó suavemente el brazo de Juliano, en respuesta al comentario provocador.

- Mira cómo hablas, ¡eh! - Exclamó, haciendo un puchero de molestia -. Nunca le di rienda suelta a ese tonto para pensar que tenía derechos sobre mí. Y quieres saber más? - Decretó:

- ¡Basta de hablar de los demás! Hablemos de nosotros dos, y lo hacemos mucho mejor.

Juliano abrió una amplia sonrisa y la abrazó.

- ¡Tienes toda la razón, mi amor! Mantengamos estos fantasmas lejos de nosotros.

Comenzaron a reír, casualmente, pero una sombra de preocupación comenzó a rondar en la mente de Flora a partir de ese día. Sus facultades premonitorias empezaban a dar señales que algo desagradable estaba a punto de ocurrir. A partir de ese día tendría sueños inquietantes, donde siempre veía a Ulises y Juliano enfrentándose.

La novia de Juliano empezó a evitar cualquier cercanía con Ulises. Cuando lo encontró en algún lugar, inmediatamente se alejó y rechazó cualquier intento de acercarse al muchacho.

Sin embargo, tales actitudes solo sirvieron para despertar aun más la ira de Ulises. A partir de ahí, el chico comenzó a provocar a Juliano dondequiera que lo encontrara, dejando claro que no le facilitaría la vida.

Difundió por la ciudad que nunca admitiría un compromiso más serio entre los dos y que tomaría medidas drásticas si Juliano se atrevía a pedirle matrimonio a Flora.

Pero, a pesar de todo eso, los jóvenes enamorados se mantuvieron firmes en el propósito de oficializar su relación. El señor Domingo, doña Francisca y Reinaldo no pusieron objeciones, ya que todos tenían profunda simpatía por Juliano.

7.- Premio

El tiempo pasó rápido y Juliano, cada vez más dedicado a las funciones que realizaba en el taller de carpintería, recibió una gran noticia, casi tres años después de haber iniciado su aprendizaje con Domingo. El carpintero se le acercó una tarde y, muy eufórico, le dijo que por fin había conseguido la ansiada jubilación.

– ¡Ya puedo descansar mi viejo esqueleto! – Dijo, con inmensa alegría, mostrando los documentos que confirmaban la realización de su sueño.

Aunque estaba feliz por él, Juliano no pudo evitar que se formara una línea de preocupación en su frente. Domingo notó la inseguridad de su pupilo y concluyó:

– ¿Qué te preocupa, muchacho? ¿Crees que sería capaz de dejarte solo? ¿Crees que no he pensado en tu futuro también?

Juliano se limitó a mirarlo con resignación. En el fondo pensaba que Domingo ya le había ofrecido mucho. Después de todo, él le había dado un trabajo y un lugar para vivir durante todo ese período. No tenía ninguna obligación de ayudarlo.

Sin embargo, una vez más, el carpintero lo sorprendió positivamente. Él le puso la mano en el hombro y, mirándolo con profunda ternura, le explicó:

- Juliano, no eres solo un compañero de trabajo para mí. Te tengo en alta estima y no estaría en paz si te dejara desamparado. Durante estos años de trabajo, reuní algunos ahorros, después de todo, nunca fui de gastar mucho. Además, a partir de ahora tendré mi salario de jubilación para el resto de mi vida. Como ya no tengo la intención de trabajar profesionalmente, no necesitaré las herramientas y la maquinaria del taller de carpintería. Si quieres, puedes quedarte con todo y seguir con tu vida, continuando con el trabajo que aprendiste a desarrollar aquí y que, al parecer, tanto te gusta.

Juliano lo miró boquiabierto, como si dudara de lo que estaba escuchando. Pero, antes de decir nada, Domingo agregó:

- Y por supuesto no te voy a dar nada a escondidas. Después de todo, no soy tan bueno en mi bolsillo - dijo, sonriendo mientras frotaba su dedo índice contra su pulgar -. Además, estoy seguro que tú mismo no aceptarías algo que sonara como una limosna.

- Por supuesto - dijo el muchacho -. Solo podré aceptar si se trata de una transacción comercial y, por supuesto, si está a mi alcance.

- Juliano, conozco tus limitaciones financieras y solo seré honesto si te hago una propuesta que sea viable para ti. De lo contrario, sería hipócrita y me conoces lo suficiente como para saber que no lo soy.

Juliano respiró hondo y sacudió la cabeza, sin saber qué decir. Estaba demasiado aprensivo, porque sentía que, en cierto modo, su futuro estaba en manos de este hombre.

Domingo abrió una amplia sonrisa, con el propósito de calmarlo. Mostró una lista de los valores de todo lo que había en el taller de carpintería, incluida la propiedad misma.

Los ojos del chico se abrieron cuando el carpintero terminó la suma. Era demasiado dinero para sus modestas circunstancias.

Sin embargo, Domingo ya tenía todo planeado y, con mucha convicción, explicó:

- La propuesta que te hago es la siguiente: sigues trabajando aquí, realizando las actividades del taller, como mejor te parezca. Por supuesto, si necesita orientación, estaré aquí para ti, pero ya no cuentes conmigo para el trabajo preliminar. A medida que obtengas resultados financieros, me pasarás una parte de los ingresos, hasta que lleguemos a un tercio del valor de todos estos bienes que te estoy vendiendo.

- ¿Un tercio del valor? Pero ¿qué pasa con los otros dos tercios? ¿Cómo te pagaré? – Preguntó con voz angustiada.

Domingo volvió a sonreír. Lo miró y le explicó:

- El resto es un regalo de boda anticipado.

Juliano quedó perplejo ante la generosa propuesta. vaciló:

- Señor Domingo, no puedo aceptarlo... Así que estará perdido...

- Hijo mío, entiende una cosa – respondió Domingo, con voz pausada pero firme –, en este taller transcurrieron las últimas tres décadas de mi vida. Aquí gané mucho dinero y lo único que quiero ahora es que quede en manos de una persona que se beneficie y que continúe el trabajo que desarrollé en este municipio que me acogió tan bien.

Se acercó a Juliano y lo miró con cariño. Además, sé que tú y mi hija tienen planes de casarse y eso me hace muy feliz. Este emprendimiento te ayudará a concretar tu proyecto y puede ofrecer una vida digna para ti y, por supuesto, para mis nietos – agregó con un guiño.

Juliano se sintió avergonzado, quería decir algo, pero Domingo lo interrumpió y decretó:

- A menos que me convenzas que tienes planes más interesantes para tu futuro, no me negaré.

Juliano lo abrazó, emocionado. Como no encontraba palabras para describir lo que sentía, permaneció en silencio. Domingo le dio unas palmaditas en la espalda y, apartando suavemente al joven, dijo:

- ¡Ya basta de tonterías! Recojamos la documentación y celebremos, porque a partir de ahora pretendo alejarme de este taller y disfrutar del descanso que me corresponde.

✳ ✳ ✳

Irónicamente, Domingo ni siquiera recibió su primer salario de jubilación. Para inmensa tristeza de su familia y de los innumerables amigos que tenía, sufrió un infarto masivo y murió durante el sueño. El episodio tuvo lugar tres semanas después de haber celebrado su ansiado retiro.

8.- Prosperidad

"Esta es la misión de las grandes fortunas: generar trabajos de toda clase y ejecutarlos; y aunque esta actividad resulte en una ganancia legítima a favor de quienes los emplean, el bien no dejaría de existir, porque el trabajo desarrolla la inteligencia y eleva la dignidad del hombre..."

El Evangelio según el Espiritismo – Cap. XVI; artículo 13

Aunque conmocionado por la muerte de su gran amigo y protector, Juliano asumió la dirección del taller de carpintería. Gracias a la generosidad de Domingo, su vida daría un salto espectacular a partir de entonces.

La primera actitud del nuevo empresario fue invitar a Reinaldo a unirse a él. Su cuñado no trabajaría en tareas manuales, como pretendía Domingo, sino en el sector administrativo; papel para el que Reinaldo reunió todas las cualidades que le faltaban como ebanista.

Con una visión vanguardista del negocio y con el apoyo servicial de su cuñado, Juliano no se limitó a dar continuidad al trabajo de Domingo e implementó nuevas actividades en el taller.

Aprovechando la excelente ubicación del inmueble, que permitía un fácil flujo de productos, ya que se encontraba a un costado de una importante vía, decidió invertir en la fabricación de muebles.

El emprendimiento fue tan positivo que dos años después de adquirir la carpintería ya había saldado toda la deuda – pues se empeñó en pagarle a doña Francisca hasta el último centavo de lo estipulado por Domingo – y amplió mucho la empresa, que contaba con casi 20 empleados.

Con el éxito de la pequeña industria, Juliano, que se sentía cada vez más conectado emocionalmente con Flora, decidió invertir seriamente en la relación.

Compró un terreno bien ubicado, en una de las calles centrales, y contrató a un arquitecto para que diseñara la casa donde pretendía vivir con su elegida.

Flora, inmensamente feliz, ayudó con el proyecto, dando consejos sobre lo que consideraba detalles importantes para la comodidad de los dos, además de los cuatro o cinco hijos que pretendían concebir.

Siguiendo los pasos de su madre, la hija de Domingo se convirtió en una dedicada maestra de escuela primaria, muy querida por sus jóvenes alumnos. Alma sensible y talentosa, también se destacó en el campo de la música, convirtiéndose en una excelente pianista.

* * *

Observando todo desde la distancia, viendo al "forastero" prosperar económicamente y hacer cada vez más consistente su relación con Flora, Ulises sintió crecer en su interior una gran revuelta.

No era una persona emprendedora; tenía limitaciones intelectuales, tanto que ni siquiera había terminado sus estudios primarios. Tenía un carácter holgazán, entregado al desánimo ya la falta de perspectivas. Muy temprano abandonó los estudios y nunca mostró disposición para trabajar, comenzando a vivir sobre la base de los ingresos obtenidos en la pequeña propiedad rural de sus padres.

Pasaba la mayor parte de su tiempo sin hacer nada; o mejor dicho, en actividades de ocio que no añadían nada a su vida.

Bajo la complacencia del padre y la sobreprotección de la madre; quien hizo todo para proteger a su único hijo, Ulises nunca sintió la incomodidad de un deseo incumplido, o la vergüenza de ser reprendido por una mala acción. Todo era comprensible; todo era excusable, siempre que no fuera contra los intereses del "pobrecito."

Peixoto y Dolores vivían para su hijo, satisfaciendo todas sus necesidades, defendiéndolo enérgicamente de cualquier situación que pudiera quitarle la paz al chico.

Y fue precisamente porque estaba tan poco acostumbrado a verse frustrado en sus intereses que no quedó satisfecho con la negativa de Flora y el éxito de Juliano, que le parecían una afrenta inaceptable; una provocación difícil de digerir.

Ulises los soñaba constantemente, y en esos sueños Juliano y Flora se burlaban de él; lo llamaban analfabeto; burlándose de él de diversas maneras y siempre terminaban besándose frente a él, para desesperación de aquel muchacho caprichoso y destemplado.

Fue en medio de este frenesí incontrolable que se dio cuenta del compromiso, y supo que el "forastero" estaba construyendo una hermosa casa, donde viviría la pareja después de la boda, que se realizaría en poco tiempo.

Algunas personas, siendo mezquinas por naturaleza, intensificaron los sentimientos de revuelta que infestaban el interior del muchacho, haciéndole comentarios perniciosos, con el fin de provocarlo. En el fondo, les complacía verlo humillado.

Cada dato sobre la pareja que llegaba a conocimiento de Ulises era como una puñalada en el corazón. Cada vez que escuchaba los nombres de Juliano y Flora, sentía los latidos de sus corazones que se le aceleraba, como si hubiera tenido un gran susto. Empezó a dormir mal; a comer muy poco, y aumentó el consumo de bebidas alcohólicas, para las que ya tenía una buena dosis de inclinación.

Ese sábado, cuando supo que se formalizaba el compromiso, Ulises, que había estado bebiendo todo el día, sin saber muy bien por qué, tomó el revólver de su padre, lo cargó, se lo puso en la cintura y se fue sin rumbo fijo.

No tenía idea que no volvería a casa esa noche.

SEGUNDA PARTE

9.- Oscuridad

"Cuando el Espíritu sale de la Tierra, toma consigo las pasiones o virtudes de su naturaleza y va al Espacio a perfeccionarse, o permanece estacionario hasta que quiera esclarecerse. Algunos parten llenos de odios violentos y deseos de venganza insatisfechos."

El Evangelio según el Espiritismo – Cap. XIV; artículo 9.

Ulises amaneció con un tremendo dolor de cabeza. Pensó que era el resultado de la bebida de la noche anterior. Incapaz de abrir los ojos doloridos, buscó a tientas en la oscuridad el interruptor de la lámpara de la mesita de noche, pero no pudo encontrarlo. De hecho, tampoco encontró ni el colchón, ni la almohada, ni la manta. Notó que estaba tendido sobre un suelo pedregoso, sobre una vegetación rala y áspera.

Asustado, hizo un gran esfuerzo y, con mucho sacrificio, logró abrir los ojos, que le dolían tremendamente. Había un tono intenso a su alrededor. Con movimientos lentos, levantó su mano derecha y tocó la parte superior de su cabeza. Notó un bulto, exactamente donde el dolor era más fuerte. Luego, dejó que su mano se deslizara suavemente por su rostro y sintió que sus ojos se salían de sus órbitas, sugiriendo un aspecto aterrador en su rostro.

Trató de ordenar sus pensamientos, de recordar lo que había sucedido, pero no encontraba una explicación para encontrarse en un lugar tan extraño, con tanto dolor. Cuanto más forzaba su memoria, más le palpitaba la cabeza, lo que lo obligaba a permanecer completamente inmóvil.[1]

Voces extrañas, gruñidos, maldiciones y gritos se mezclaban con el ruido de un vendaval frío e incesante. Sombras misteriosas se movían con una cadencia lenta y anónima.

Ulises fue atacado por una invencible apatía. Se acordó de sus padres y quiso estar con ellos, bajo la celosa protección que siempre le brindaron, pero no tenía idea de dónde estaban sus padres. Quería llorar, pero parecía completamente sin lágrimas, como si estuviera seco por dentro.

Fue así que el hijo de Peixoto y Dolores permaneció por un largo tiempo, sin poder revertir la dolorosa situación. Entre desmayos constantes y breves momentos de lucidez, el delirio febril y agónico de un no-muerto, subyugado por el sufrimiento y la incertidumbre. En uno de esos raros momentos en que estaba despierto, sin tener la menor idea de lo que estaba pasando y cuánto tiempo había pasado, sintió una mano delicada acariciando su cabello, mientras una suave voz femenina lo llamaba por su nombre:

– ¡Ulises! Ulises, ¿puedes oírme? – Era la primera vez que despertaba sin dolor.

Con sacrificio logró abrir sus ojos heridos y, poco a poco, vislumbró a su lado a una mujer de agradable aspecto, con mirada compasiva, vestida con una larga túnica blanca. Estaba completamente envuelta por una suave luz que parecía salir de su propio cuerpo, permitiéndole ser vista en detalle, a pesar de la oscuridad que reinaba en esos lugares.

---

[1] El tiempo que el alma sufre de confusión después de la separación del cuerpo depende de la elevación de cada individuo. El hombre que está más apegado a las cosas materiales y a los sentimientos inferiores permanecerá en este estado por más tiempo. Nº de A.

Ulises trató de decir algo, pero no pudo articular las palabras. La mujer, al darse cuenta de su dificultad, lo miró suavemente y susurró, mientras colocaba su dedo índice en posición vertical, frente a sus labios:

– ¡Cálmate, querido! No necesitas decir nada. Solo piensa en las palabras que quieres decir, para que pueda entenderte.

Muy confundido, pero aliviado de estar momentáneamente libre de los dolores de cabeza, Ulises se concentró y pensó:

– ¿Quién eres tú?

La mujer sonrió y respondió amablemente:

– Alguien que te quiere mucho y te desea lo mejor.

– No te recuerdo. ¿Cómo te llamas?

– El hecho de no recordar es lo que menos importa en este momento. Pero, puedes llamarme Ifigenia. Estoy aquí para ayudarte. Para ayudarte y llevarte a un buen lugar, donde serás medicado y guiado.

– La verdad es que no conozco a ninguna Ifigenia – prosiguió Ulises, en un diálogo mental –. Pero me gustó tu caricia en mi cabeza, porque lograste aliviar los dolores que casi me estaban volviendo loco.

Ifigenia volvió a sonreír.

– ¡Qué bien! ¡Estoy muy feliz de poder ayudarte!

Pero de repente, Ulises fue presa de una gran inquietud. Sintió la necesidad de saber qué había sucedido. Creyendo que Ifigenia podría aclarar sus dudas, fijó sus pensamientos en las preguntas que pensaba hacer y preguntó con curiosidad:

– ¿Qué me pasó, Ifigenia? ¿Por qué no estoy en mi casa? ¿Por qué me duele la cabeza?

Al notar la repentina agitación del muchacho, la amable mujer trató de calmarlo, suavizando aun más su voz.

– ¡Tranquilo, hijo mío! Esta agitación no te ayudará en nada. Desafortunadamente, te ha sucedido algo desagradable y no se puede hacer nada más al respecto. Pero cuando sea el momento adecuado, tendrás toda la información que necesitas. Lo importante ahora es sacarte de este lugar. ¿No te gustaría venir conmigo para recibir tratamiento y deshacerte de estos dolores?

Pero Ulises ya no pudo mantener la calma. Algo dentro de él comenzaba a manifestarse negativamente, sin control.

– ¿No puedes ver que estoy indefenso? ¿Que no puedo moverme? – Respondió en rebeldía, en una actitud tan hostil que, aunque dicha en lenguaje mental, parecían gritos.

Era su naturaleza brutal la que comenzaba a emerger, volviendo a comandar sus pensamientos. Sin perder la serenidad, Ifigenia señaló en una dirección y dijo:

– ¡No estoy sola, Ulises! Somos un grupo de trabajadores y venimos preparados para ayudarte, sin que tengas que hacer ningún esfuerzo. Es suficiente que tengas un deseo sincero de ser ayudado.

Ulises fijó sus ojos hinchados en la dirección que la mujer le había señalado y visualizó a cuatro jóvenes, todos vestidos de blanco y poseyendo esa misma tenue luz que envolvía a Ifigenia. Sus rostros eran suaves, sus labios mostraban una sonrisa cándida y sincera. Llevaban una especie de camilla.

– Como puedes ver – continuó Ifigenia –, no tendrás que hacer nada. Estos acompañantes te subirán a la camilla y te llevaremos a un lugar cómodo, donde recibirás el tratamiento necesario para tu recuperación, así como el esclarecimiento de todo lo que te ha pasado.

Mientras tanto, la mujer seguía acariciando la cabeza de Ulises, quien ya no mostraba ningún síntoma de dolor.

Por un lado, quería decirle a Ifigenia que todo estaba bien, que quería continuar con el grupo, pero no podía hacerlo con la convicción necesaria. Algo dentro de él se resistía a aceptar ayuda. Ulises no podía entender lo que pasaba en su interior, pero un sentimiento de ira lo iba envolviendo poco a poco en una gran inquietud. Parecía estar siendo arrastrado al centro de un remolino vertiginoso del que no podía escapar.

Miró el rostro sereno de Ifigenia y buscó fortalecerse en el halo de complacencia que emanaba de aquellos ojos traslúcidos. Pero de repente todo parecía ridículo. Se sentía disminuido, frágil, dependiente... Odiaba ese sentimiento.

Ahora, las sonrisas amorosas de aquellas personas que estaban allí para ayudarlo le parecían sarcásticas, como si se estuvieran burlando de su sufrimiento, de su debilidad. El orgullo, que siempre había guiado sus actitudes, volvió a dominarlo por completo.[2]

Ulises se enojó por todo eso. Necesitaba reaccionar, ser fuerte y decidido, como siempre lo había sido. Sujetó con fuerza la mano de Ifigenia y, con un gesto brusco, la apartó de su cabeza. En ese momento, sintió que el dolor volvía con mayor intensidad. Un fuerte vértigo estuvo a punto de desmayarlo, pero logró mantenerse lúcido. Sintió que finalmente estaba recuperando el control de sus propias acciones y esta realización lo animó mucho.

------

[2] El cambio en el carácter del individuo se da por la conciencia y no por el simple hecho de haber desencarnado. N° de A.

10.- El justiciero

"La venganza es el último vestigio que dejan las costumbres bárbaras que tienden a desaparecer entre los hombres. Es, junto con el duelo, uno de los últimos vestigios de aquellas costumbres salvajes que la Humanidad tuvo que sufrir a principios de la era cristiana."

El Evangelio según el Espiritismo – Cap. XIII; artículo 9.

Mientras luchaba consigo mismo, tratando de mantenerse firme frente a esa confusión mental y los dolores que habían regresado con gran intensidad, Ulises escuchó una voz profunda resonar en medio de la oscuridad.

¡Ulises! ¡ Ulises! ¿Dónde estás, mi niño?

La voz sonó desde el lado opuesto de donde estaban Ifigenia y su grupo. Ulises miró ansiosamente en esa dirección y vio a un hombre alto y de rostro serio. Estaba vestido con una gruesa capa gris.

Al verlo, el grandote intentó lo que debería ser una sonrisa y celebró:

– ¡Ahí estás, muchacho! Finalmente te encontré. Ven, salgamos de aquí.

Cada vez más confundido, Ulises volvió a intentar articular algunas palabras, dirigiéndose al recién llegado, pero no pudo.

– ¿Qué pasó? ¿Quieres decir algo? – Preguntó el extraño. De nuevo trató de hablar pero no tuvo éxito.

El hombre se inclinó y, acercando la oreja a la boca de Ulises, preguntó:

- Vamos, haz un esfuerzo. Puedes - Ulises tartamudeó con gran dificultad:

- ¿Quién eres tú?

- Ah, veo que todavía estás bajo la ley del olvido. Soy un gran amigo del pasado. Alguien que lo conoce desde hace mucho tiempo y que lo tiene en alta estima. Mi nombre es Adamastor y estoy aquí para ayudarte.

- No recuerdo haberlo conocido - susurró Ulises.

- ¡Pero es claro que no! Has pasado mal y es natural que estés un tiempo sin memoria. Pero, puedes confiar en mí. Soy tu amigo y te deseo lo mejor.

- Ella también vino a ayudarme... Dijo las mismas cosas... - susurró Ulises, señalando en dirección a Ifigenia.

Adamastor frunció el ceño y se levantó con los puños cerrados en actitud agresiva. Miró de cerca, tratando de distinguir algo en la oscuridad, pero no pudo ver nada.

En el fondo sabía que no podía visualizar al grupo de benefactores, debido a su baja vibración mental. No había forma de alcanzar, ni siquiera visualmente, la dimensión espiritual en la que se situaban los demás, porque moralmente estaban muy por encima de él.

- Debes estar hablando de algunas personas agradables, ¿no? Los que hablan bajo y llevan una camilla, ofreciendo ayuda. Dicen que te llevarán a un lugar cómodo, te cuidarán y hasta logran hacerte sentir que tu dolor se acabó.

Ulises asintió, en un gesto de afirmación. En ese momento, Ifigenia intervino con cortesía, con la misma serenidad en su voz:

- No le hagas caso, Ulises. Este hombre no podrá ayudarte, porque no puede ayudarse a sí mismo. Es una persona infeliz, rebelde, que insiste en permanecer en el error y el sufrimiento, en lugar de buscar la liberación a través del amor, el perdón y la caridad. ¡Ven con nosotros! Vamos a cuidar de ti...

- ¡Son falsos! ¡Mentirosos, hipócritas! - Gritó Adamastor, mostrando una profunda irritación; pareciendo haber sentido de alguna manera el atractivo de Ifigenia –. No les hagas caso, Ulises , que lo que quieren es convencerte que perdones a tu asesino, al desgraciado que deshonró tu vida.

– ¿Asesino? – Tartamudeó el enfermo, curioso.

– ¡Sí! ¿Alguna vez te dijeron lo que te pasó? ¿Te acordaste que fuiste cobardemente asesinado por ese Juliano? ¿Que la maldita cosa te rompió la cabeza? ¿Que su camino ahora está despejado para casarse con Flora?

Al escuchar los nombres de Juliano y Flora, Ulises sintió un gran golpe. La rebelión que se manifestó dentro de él estalló desde espectacularmente, provocando una especie de derrumbe. Empezó a temblar, en una agitación agonizante e incontrolable.

– Estoy aquí porque no creo en esa justicia divina que los cobardes se empeñan en evocar, simplemente porque no tienen el coraje de enfrentar a sus enemigos. Sí creo en la justicia hecha por las manos de aquellos que sufren una pérdida. ¡Creo en el "ojo por ojo" y estoy aquí para ayudarte a vengarte de Juliano! – Espetó Adamastor.

– ¡Cálmate, Ulises! – Suplicó Ifigenia en tono clamoroso. No des rienda suelta a la revuelta. No te vayas con este pobre desgraciado, que solo te ayudará a meterte en más problemas. ¡Ven con nosotros!

– ¡No! ¡Nunca! – Gritó Ulises, ahora sin importarle el dolor insoportable que sentía mientras gritaba –. No voy a ir a ninguna parte contigo. No puedo confiar en nadie que me mienta. Tú, Ifigenia, que te hacías pasar por mi amiga, te negabas a recordarme lo sucedido. Solo puedo suponer que tú y tu grupo son amigos de ese maldito que me destruyó; que me llevarían a algún lugar donde pudieran detener mi venganza.

– ¡No! No es así... – trató de insistir Ifigenia, en vano.

– Está decidido: Iré con Adamastor – decretó el chico.

– ¡Muy bien! – El gran hombre vitoreó, animándolo –. Así se habla, mi buen Ulises. Estos entrometidos fingen ser amables, pero en el fondo lo que quieren es proteger a los malhechores e impedir que se haga justicia.

– ¡Ya lo he decidido, Adamastor! – Dijo, con aun más convicción. – Yo quiero ir contigo.

Con una sonrisa triunfante, el gran hombre se agachó, levantó a Ulises y lo apoyó sobre sus hombros. A pesar de mostrar una inmensa dificultad para caminar, el muchacho se dejó arrastrar por un sendero angosto y se infiltró en la niebla oscura que dominaba el ambiente lúgubre.

Con los ojos llorosos mirando hacia arriba, Ifigenia levantó los brazos y pidió, en una oración conmovedora:

– ¡Oh, Padre de eterna bondad! Perdona la ignorancia y la debilidad de este pobre hijo tuyo que un día, vencido por el sufrimiento, implorará tu misericordia y volverá a tus brazos...

Gradualmente, esa diáfana criatura y los compañeros benefactores que la acompañaban se fueron alejando, y la densa región se sumergió nuevamente en la oscuridad.

11.- Bienvenidos

"Solo es verdaderamente grande quien, considerando la vida como un viaje que debe conducirlo a un destino determinado, presta poca atención a los contratiempos del camino y nunca se desvía de él."

El Evangelio según el Espiritismo – Cap. XIII; artículo 11.

Después de una larga y agotadora caminata, con el cuerpo lleno de dolor, pero fortalecido por el implacable deseo de venganza, Ulises vislumbró un claro tenuemente iluminado, con pálidas antorchas dispersas, que titilaban sobre estacas, imitación de rústicos faroles.

El escenario, que tenía el aspecto de un pueblo rudimentario, estaba formado por un patio redondo, rodeado por varias chozas que parecían iglús, construidas con una mezcla de hierba seca y arcilla. No tenían ventana, solo una puertecita que daba al centro del patio.

El paisaje era desolador, completamente cubierto por una espesa niebla gris, rodeado de escarpadas montañas, cuyas cumbres se perdían en las brumas ennegrecidas.

El suelo pedregoso recordaba a los áridos paisajes de las regiones más desérticas de la Tierra. El aire estaba pesado, viciado; y un desagradable olor a putrefacción hacía aun más difícil el simple acto de respirar. Unas 20 figuras poblaron el ambiente; sentados en medio del patio, alrededor de un brasero, enzarzados en animada conversación. Al pasar los dos hombres, algunos, curiosos, los miraron, pero la mayoría permaneció indiferente.

Ulises se sentía tan cansado y con tanto dolor de cabeza que no le prestaba atención a casi nada.

Adamastor lo condujo a una de esas chozas, lo introdujo por la escotilla y lo colocó sobre una especie de catre, cubierto de un follaje áspero, con un olor desagradablemente ácido.

Pero bastó esa mínima condición de comodidad para que Ulises volviera a desmayarse, vencido por el agotamiento del sacrificado caminar.

*** * ***

Después de un cierto período en el que Ulises continuó alternando entre momentos de sueño intranquilo y breves períodos de lucidez, Adamastor invadió la cabina a su manera extravagante. Llevaba un gran cuenco de barro, que contenía una especie de sopa aguada que humeaba, despidiendo un olor poco agradable al paladar.

¡Vamos allá! ¡Vamos allá! - Gritó con su ronca y profunda voz de trueno -. ¿Vas a pasar la eternidad durmiendo? Prueba la mejor delicia de nuestra cocina.

Y extendió el cuenco hacia el muchacho. Ulises se levantó con dificultad y se sentó, apoyándose contra la pared de la choza. Apoyando el cuenco en su regazo y, con una tosca cuchara de madera, empezó a tomar la sopa. Como tuvo una reacción de disgusto con la primera cucharada, Adamastor preguntó:

- ¿Qué pasó? ¿No te gustó el sabor? - El chico sonrió torpemente y no respondió.

- Bueno, te diré - le aseguró Adamastor- que esta sopa es un verdadero manjar. Está hecho de una especie muy rara de hongo que crece en troncos en descomposición. Como aquí casi no hay humedad, hay que hacer una larga y difícil caminata para encontrarlos. Es mi contribución a la recepción de bienvenida - agregó, con humor sarcástico.

58

Ulises permaneció en silencio, pero pensó que si el plato más popular en esa región era esa sopa blanda, con sabor a madera podrida, debería iniciar una dieta muy radical.

Pero mientras comía, se sintió renovado, y aunque su cabeza continuaba latiendo incesantemente, la somnolencia se desvaneció.

Adamastor, que seguía cada uno de sus movimientos, parecía complacido con el resultado.

- ¡Vaya! Veo que por fin vamos a empezar a actuar – comentó con cierto entusiasmo.

Ulises, que ya se había tomado toda la sopa, lo miró con curiosidad y al darse cuenta que había recuperado la capacidad de hablar, sin que esto le causara tanto sufrimiento, preguntó:

- ¿Qué está pasando, Adamastor? ¿Qué es este lugar? ¿Por qué me trajiste aquí?

- ¡Tranquilo, muchacho! Con tantas preguntas a la vez, terminas confundiéndome. En principio, creo que debería darte las gracias por haber probado esa sopa. Después de todo, la comida de buena calidad en esta región es muy rara.

- ¡Perdón por el mal humor! - Exclamó Ulises –. Es que todavía estoy bastante aturdido por todo lo que está pasando. Te agradezco por lo que has hecho por mí, pero necesito respuestas... Estoy muy confundido...

- Bueno, vamos a las aclaraciones – dijo Adamastor, saliendo de la choza y haciéndole señas a Ulises para que lo acompañara.

Fuera de la choza, Ulises se estiró largo rato, respirando el aire saturado de humo y olores desagradables.

El patio estaba desierto, envuelto en sombras, débilmente iluminado por antorchas parpadeantes.

El niño dedujo que en ese lugar no había división entre el día y la noche, ya que al parecer los rayos del sol nunca traspasaban la espesa niebla.

La temperatura siempre era fría, lo que le provocaba un tremendo malestar que parecía amplificar el agudo dolor, al que parecía acostumbrarse poco a poco.

12.- La aldea

"El amor por los bienes terrenales constituye uno de los obstáculos más fuertes para vuestro progreso moral y espiritual. Al aferraros a la posesión de tales bienes, destruís vuestras facultades de amor, ya que las aplicáis todas a las cosas materiales."

El Evangelio según el Espiritismo – Cap. XVI; artículo 14.

Adamastor y Juliano se sentaron sobre cantos rodados que servían de bancas, alrededor del pequeño brasero, que ardía constantemente en el centro del patio. Reactivando las brasas con un palo, el anfitrión preguntó:

– ¿Dónde desea comenzar la sesión de preguntas y respuestas?

– Me gustaría saber dónde queda este lugar y quienes son las personas que viven aquí.

Sin apartar los ojos del brasero, Adamastor respondió:

– La única persona que vive aquí soy yo. O mejor dicho, ahora somos nosotros dos.

Pero, ¿de quién son estas cabañas? ¿Quiénes eran las personas que vi alrededor de este brasero el día que me trajiste?

Adamastor abrió efusivamente los brazos y, mirando a los ojos del niño, dijo:

– Ulises, este lado no es muy diferente del lado del que viniste. Hay lugares tan siniestros aquí como allá. Rincones destinados a encuentros furtivos, encuentros secretos... Esto sucede porque los habitantes de los dos planos, en su mayor parte, comparten los mismos deseos secretos, las mismas necesidades fugaces, las mismas falsedades... He aquí una especie de.. Déjame pensar en un término muy apropiado. Mmm... ¡Refugio! Creo que es la palabra que mejor explica este pueblo.

– ¿Refugio? Pero, ¿para quién?

– Lugares como este son para que la gente haga lo que, debido a las circunstancias, no puede hacer en el otro lado. Esas personas que viste el otro día pertenecen a un grupo político que actualmente ejerce un gran poder y maneja mucho dinero público.

– ¿Políticos?

– Sí. Siempre se reúnen aquí, para planear las mejores formas de desviar los fondos públicos a las cuentas de los partidos políticos a los que pertenecen, además de ampliar su patrimonio personal, sin despertar tantas sospechas.

– Pero, ¿por qué se reúnen aquí, si hay tanto espacio allá?

– Porque de este lado están más cómodos. Creen que aquí están exentos de la curiosidad de los votantes, del espionaje de los opositores y del trabajo de investigación de la prensa y la policía.

– ¿Y cómo se las arreglan para llegar aquí?

– Durante el sueño del cuerpo físico. Dejan el cuerpo carnal en la cama y llegan aquí por la voluntad del pensamiento, siguiendo un irresistible impulso de atracción. Si lo hubieras mirado con más detalle, habrías visto que todos estaban unidos a tenues cordones fluidos que los conectan al cuerpo material. Estos lazos solo se rompen cuando el cuerpo– muere.[3]

Entonces, eran políticos corruptos... – comentó Ulises.

– Exacto, pero no son solo los políticos sin escrúpulos los que frecuentan este pueblo. A lugares como este acude todo tipo de

---

[3] Mientras el cuerpo físico descansa, el espíritu visita las regiones espirituales con las que tiene afinidad. Algunas de estas experiencias, recordadas a la mañana siguiente, se consideran sueños placenteros u oscuras pesadillas. N. de A.

delincuentes: ladrones, asesinos, empresarios deshonestos, falsos religiosos, narcotraficantes, y...

Adamastor interrumpió su comentario cuando vio a una pareja cruzando el patio, caminando de la mano hacia una de las cabañas. Era un hombre de unos sesenta años, con cabello gris, y una chica muy joven. Iban vestidos con ropa de dormir y esta vez Ulises notó los cordones fluidicos a los que se había referido Adamastor.

Siguieron la escena discretamente. Y, en cuanto la pareja entró en la cabaña, Ulises preguntó, apenas logrando contener su curiosidad:

¿Quiénes son ellos?

Eso es lo que iba a decir para completar esa larga lista – explicó Adamastor con sarcasmo –. También sirve como refugio para reuniones secretas. Ese hombre es el jefe de una importante institución religiosa. La joven que lo acompaña es lo que llaman la "*tasker*" de la institución, una colaboradora voluntaria. Él, que de alguna manera no acepta el desgaste natural de su propio cuerpo, está obsesionado con la belleza y la juventud de la muchacha. Ella cree en la santidad que el líder sugiere poseer, pensando que una relación más cercana con él le proporcionará favores espirituales. Cada uno, por sus intereses personales, va alimentando fantasías en el terreno de la sensualidad.

– Pero, ¿por qué necesitan reunirse aquí? ¿Por qué no se quedan juntos para siempre, en el plano físico?

– Simplemente porque ha estado casado por más de 30 años. Tiene hijos, nietos, una importante reputación que mantener, y no renuncia al puesto relevante que ocupa en la sociedad; lo que llegaría a su fin, en caso de escándalo. La chica está comprometida con un joven teólogo muy inteligente, que la llama con la perspectiva de un futuro brillante. No admite la posibilidad de perder los posibles beneficios que recibirá en matrimonio con este chico. - Adamastor suspiró y agregó:

– Por eso dije que este es un refugio para gente hipócrita y mal intencionada.

Ulises se sorprendió con esa información, pero la curiosidad continuó.

- Pero Adamastor, dijiste que están aquí sin sus cuerpos físicos. Entonces, ¿cómo pueden ellos... ya sabes... sentir placer?

- Ulises, eso que algunos eruditos llaman periespíritu – dijo Adamastor, pellizcando la piel del brazo del niño para mostrar a qué se refería –. Estamos muy cerca de la corteza terrestre y el material que nos recubre es casi tan denso como la carne, ya que está compuesto por fluido vital existente en esta densa región. Las sensaciones que tenemos aquí no son muy diferentes a las que sentimos cuando estamos encarnados. En tu caso, por ejemplo, estás libre del cuerpo de carne, pero ¿has logrado, por casualidad, deshacerte del dolor físico?

Ulises, aunque mostrando que no entendió bien la explicación, negó con la cabeza. De hecho, los dolores de cabeza continuaron molestándolo.

- ¡Entonces! Esto es tan bueno para las sensaciones desagradables como para las agradables.[4]

- ¡Tienes razón! – Exclamó el chico, intrigado por la experiencia de ese hombre, aparentemente tan grosero –. Pero, ¿qué pasa con esta pareja, qué pasará con los dos?

- Solo el futuro lo dirá. Estas personas en realidad se están engañando a sí mismas. No hay garantía de discreción o impunidad de este lado. Lo que sí hay es una gran posibilidad que todo termine en escándalo e incluso en un crimen pasional. A menos, por supuesto, que renuncien a llevar a cabo la traición. Después de todo, por ahora, las reuniones solo ocurren aquí. En el ámbito carnal, los dos siguen en esa fase de coqueteo discreto, voluntad reprimida, miradas prometedoras... El problema es que el prometido de la joven ya ha notado algo raro en el aire y ha estado dando vueltas por aquí. Un día, casi atrapa a la novia en el acto.

---

[4] De hecho, las sensaciones (buenas o malas) experimentadas por el individuo, que está privado del cuerpo físico, ocurren en el campo mental y no material, como sugiere el personaje. N. de A.

- ¿Quieres decir que también viene aquí mientras duerme?

- ¡Sí! ¡Muchas cosas que pasan allí, especialmente los crímenes, tienen su origen en pueblos como este, jovencito! Aquí se proyecta, allí se pone en práctica. Podemos decir que este lugar es una especie de refugio de las sombras, ya que todas las tramas aquí tejidas, tendrá lugar bajo la protección encubierta de la oscuridad – finalizó con una carcajada estruendosa.

13.- En familia

"Dios permite las encarnaciones de espíritus antipáticos o extraños en las familias, con el doble objetivo de servir de prueba para unos y de progreso para otros. Además, los malos mejoran poco a poco por el contacto con los buenos y por los cuidados que reciben."

El Evangelio según el Espiritismo – Cap. X; artículo 6.

Después de unos segundos de silencio, Ulises volvió a hablar.

– Bien hecho, Adamastor. Ahora sé qué es este lugar, pero todavía no sé por qué estoy aquí.

Aun no te has colocado, Ulises, y por eso no te acuerdas. Pero has vivido aquí, conmigo. Y que durante el período en el que estuviste en la prenda física, acabaste olvidándote de todo.

Mientras el chico lo miraba intrigado, en muda expectación, Adamastor continuó:

– Antes de esa última experiencia tuya en la carne; es decir, en tu penúltima encarnación, eras mi hijo. De hecho, no solo tú, también Juliano.

Al escuchar el nombre de Juliano, Ulises tuvo una desagradable sensación. Adamastor se dio cuenta y, mirándolo fijamente, afirmó:

– ¡Eso es, muchacho! Mantén este sentimiento de ira contra tu asesino; alimenta con perseverancia este dolor, porque cuando termine lo que tengo que decir, verás que tienes muchas más razones para odiarlo.

- ¿Así que ese bastardo y yo éramos hermanos?

- Lamentablemente sí, y, como te dije, yo era tu padre. Tú eras el mayor; eras un chico intrépido, fuerte, y te convertiste en mi brazo derecho en todas las actividades que desarrollaba. Juliano era el más joven, un chico de voz suave, excesivamente sentimental y muy apegado a su madre. Aunque nos acompañó en nuestros esfuerzos, siempre nos estaba creando dificultades.

- Me parece recordar algo, muy vagamente... Nuestro trabajo estaba relacionado con el trato con los animales, ¿no?

- ¡Exactamente! - Aseveró Adamastor, entusiasmado con los recuerdos de Ulises -. Hicimos de todo un poco y brindábamos servicios a muchos agricultores de la región donde vivíamos. Domábamos caballos salvajes, forjados y herrados; llevábamos ganado de una granja a otra, de todos modos... Éramos audaces y competentes. Y, aunque nunca aceptamos el cabestro del empleo estable, nuestras actividades fueron muy disputadas por los granjeros; nunca nos faltó trabajo y, en consecuencia, dinero.

Adamastor interrumpió la narración, para ver si Ulises tenía alguna observación que hacer, pero como el muchacho permanecía en silencio, pareciendo buscar esos remotos recuerdos en los recovecos de su memoria, continuó:

- Un día nos contrataron para hacer un trabajo largo en la finca de un hombre muy importante llamado Coronel Lemos. Nos alojamos en esta propiedad durante ocho meses. Como tu madre estaba enferma, Juliano se quedó con ella al principio, y solo vino a vernos tres meses después, cuando su madre ya se había recuperado. Mientras tanto, te enamoraste de la hija del Coronel, una joven muy guapa que, en cierto modo, parecía estar a la altura de tus expectativas y planteó la posibilidad de una relación entre ustedes. Por supuesto, eso estaba destinado a salir mal, ya que su padre era un hombre muy estricto y ambicioso. Nunca permitiría que su hija se casara con un pobre. Pero dejaste que tu corazón hablara más fuerte; seguiste alimentando esperanzas, confiándome sueños y proyectos ilusorios. Yo, aun con el corazón pesado por la angustia, seguía todo de lejos, evitando entrometerme en sus asuntos sentimentales. Me preocupaba el desenlace de esa historia, pero pensé que era algo pasajero; pensé que pronto terminaríamos ese trabajo e iríamos a otros lugares, lo que ciertamente enfriaría tus sentimientos. Entonces, traté de no darle demasiada importancia al asunto.

Ulises siguió la narración de Adamastor con los ojos cerrados. Parecía estar reviviendo mentalmente esas escenas.

Cuando Juliano llegó a la finca y se unió a nosotros en la empresa, hubo un gran giro en la historia. Resulta que la hija del Coronel, al verlo, se enamoró de él, ignorando por completo tus sentimientos. Era muy decidida y no escatimó en estrategias para ganarse el corazón de su hermano. Le pedí que no se involucrara, porque sabía que te traería mucho sufrimiento, que te sentirías profundamente traicionado. Pero fue inútil. Juliano se dejó llevar por el "canto de sirena" y comenzó a reunirse en secreto con la hija de nuestro contratista. Y los dos tenían una relación afectiva tan apabullante que los hechos no pudieron encubrirse por mucho tiempo. La niña terminó embarazada, tuvo un aborto voluntario y casi muere. El Coronel Lemos, cuando se enteró de lo que pasaba, se indignó, hasta se enojó, y terminó expulsándonos de la finca de manera humillante, sin siquiera pagar lo que nos debía. Como si eso no fuera suficiente, todavía usó su gran influencia con otros agricultores de la región para difundir calumnias sobre nosotros, alegando que se le había faltado al respeto en su propiedad. Esto nos creó serias dificultades para conseguir nuevos puestos de trabajo.

Ulises ahora tenía los puños cerrados. Al recordar el episodio, tuvo la sensación que iba a estallar de rabia.

– Estábamos muy enojados con tu hermano. Tú, descontento con lo que considerabas una traición imperdonable, te desilusionaste de la vida. Tuvo algunas peleas violentas con Juliano, que tuvieron graves consecuencias físicas para ambos. Después de romper, empezaste a beber sin control; como decías, para olvidar a la muchacha que se había regodeado en sus sentimientos, y al hermano desagradecido que tan cobardemente te había traicionado. De repente, la vida para mí se convirtió en un infierno. Empecé a enfrentar dificultades económicas, porque además de la mala reputación que nos impuso la calumnia del Coronel Lemos, ya no podía contar con tu colaboración, ya que ya no querías saber del trabajo honesto, que, como dedujiste, producía poco fruto y muchas vergüenzas. Durante una de las muchas discusiones que comencé a tener a diario con Juliano, terminé echándolo de la casa. Su madre, que siempre lo había defendido, decidió irse con él, lo que hizo que mi odio fuera aun mayor.

14.- Viejo crimen

"Cuando Jesús recomienda reconciliarse cuanto antes con su adversario, no es solo con el fin de eliminar las discordias durante la existencia presente, sino para evitar que continúen en existencias futuras."

El Evangelio según el Espiritismo – Cap. IV; artículo 19.

Adamastor narró los hechos con voz irritada, dejando al descubierto todo el odio que sentía por Juliano. Ulises, al recordar los episodios, también se dejó contaminar por la acidez de esos sentimientos.

- Me las arreglo para recordar todo lo que me dices, Adamastor. Y ahora me doy cuenta que el odio que sentía por Juliano era mucho más antiguo de lo que podría haber imaginado.

- ¡Lo sé! Seguí tu reencuentro con él, en esa última encarnación. Estaba a tu lado cuando sucedió, y realmente te estaba apoyando para que terminaras con su vida. Pero...

- Fallé, ¿no? – Ulises completó, cabizbajo.

- ¡Las cosas aun no han terminado! - Adamastor dijo, golpeando al otro en el hombro –. ¡Ánimo! Es solo cuestión de tiempo antes que obtenga lo que se merece.

Y la narración continuó:

- Un año después de haber echado a Juliano de la casa; Desesperado por falta de dinero, y privado de trabajo, tomé la decisión que creí más adecuada, invitándote a ti, mi inseparable compañero, a la tarea.

– Me acuerdo – intervino Ulises. – Me llamaste para ir a cobrar lo que nos debía el Coronel Lemos. Explicó que tendríamos que tomar lo que nos pertenecía por la fuerza... Solo que no recuerdo bien el desenlace de esta historia.

– Pues nosotros nos armamos con revólveres y con el rostro tapado para no ser identificados fuimos tras el hacendado. A pesar de ser muy rico, el Coronel Lemos no se preocupó por la seguridad de sus bienes, lo que facilitó nuestra acción. Irrumpimos en la propiedad durante las primeras horas de la mañana. Logramos sorprenderlo y lo obligamos a entregarnos una cantidad considerable de dinero, además de varios objetos de valor que guardaba en una caja fuerte. Luego lo atamos, lo amordazamos y lo escondimos debajo de su propia cama para asegurarnos que pudiera escapar sin problemas. Con la acción exitosa, deberíamos irnos pronto, pero decidiste aprovechar la invasión para vengarte de la hija del Coronel y recibiste mi apoyo. Después de todo, ya estábamos dentro de su casa.

– ¿Cómo así? – Ulises se sobresaltó –. ¿Qué le hice a la hija del coronel Lemos? No recuerdo este pasaje...

– Siento que no te acuerdes, Ulises, pero tú la mataste. Irrumpiste en su habitación y la estrangulaste sin piedad. Exactamente como se merecía esa sinvergüenza.

Ulises se miró las manos. Forzó su memoria, tratando de recordar el episodio, pero el dolor de cabeza hizo que todo fuera muy confuso.

– Después del asesinato, nos fuimos. Conseguimos escapar con bastante facilidad. Nos deshicimos de las pruebas que pudieran incriminarnos y disfrutamos discretamente de los bienes adquiridos esa noche. Sin embargo, más que el robo, el asesinato de la niña tuvo una repercusión muy negativa en ese entorno. Después de todo, su padre era una persona influyente y el lugar, que hasta ese momento estaba tranquilo, se volvió inseguro. La gente estaba muerta de miedo y exigía el arresto de los criminales. La policía se movilizó y comenzó una investigación rigurosa. En un momento, estas investigaciones llevaron a nosotros, pero por falta de pruebas, tuvieron que dejarnos en paz. Tú y yo éramos imbatibles y logramos deshacernos de todas las incriminaciones. Pero Juliano, que desconfiaba de los dos y que estaba descontento con la muerte de la chica que decía amar, comenzó una investigación por su cuenta. Un día, aprovechando nuestra ausencia, irrumpió en nuestra casa y saqueó todo. Aunque habíamos tenido mucho cuidado de ocultar la evidencia, el desgraciado terminó por encontrar, en el bolsillo de tu chaqueta, un encendedor de plata, que fue uno de los objetos robados esa noche.

– ¡Maldito seas! ¡Maldito seas! ¡Traidor! – Gritó Ulises –. Mi propio hermano, tu hijo… Y terminamos condenados por su culpa.

Adamastor estampó una risa sepulcral en sus labios.

– ¡Así es, Ulises! Por culpa de Juliano, fuimos acusados y condenados por robo y asesinato. En principio, pasamos unos días en prisión, en los que sufrimos todo tipo de violencia imaginable. Después, nos asesinaron fríamente en un matorral, luego de una lenta y dolorosa sesión de tortura, ¿recuerdas?

Ulises hizo una señal que recordaba vagamente. Estaba tan enojado que ni siquiera podía hablar.

– Peor que sufrir en la carne era llegar de este lado y encontrar mayores penalidades. Durante mucho tiempo vagamos por estas regiones hostiles, sin la menor protección, sin la menor posibilidad de escape. Sufrimos, juntos, el dolor más cruel imaginable. Hemos jurado vengarnos de ese desagradecido traidor que tanto daño nos ha hecho.

Adamastor respiró hondo antes de continuar. Esos recuerdos sacaron lo peor de su naturaleza desequilibrada.

– Un día, cuando ya estábamos más adaptados a esta región, nos dijeron que debíamos volver a la carne. Dijeron que era necesario un reencuentro entre los adversarios, para que pudiera comenzar un proceso de reconciliación. Al principio repudiamos la idea, pero luego estudié mejor Tú propuesta y vi en ella la posibilidad de lograr la ansiada venganza. Como no podríamos localizar a nuestro enemigo aquí, ciertamente lo alcanzaríamos en la vida terrenal. Pero sabiendo que estaríamos bajo el yugo de la ley del olvido, dispuse que solo tú reencarnaras, para que yo, de este lado, pudiera guiarte. Después de tu reencarnación, descubrí con sorpresa que no solo tú y Juliano estarían juntos en este reencuentro, sino también la hija del Coronel Lemos, ahora en el cuerpo de Flora, y el propio Coronel, en la vestidura física del carpintero Domingo.

Ulises dio un puñetazo al aire y exclamó:

– ¡Qué montón de desgraciados!

Cada vez más emocionado por la reacción del niño, Adamastor preguntó:

– ¿Entiendes ahora el motivo de tu fijación con Flora? ¿Entiendes por qué no podías admitir que ella y Juliano se iban a casar? ¿Te das cuenta que la simpatía del carpintero Domingo por Juliano fue el resultado de la gratitud del Coronel hacia el muchacho que ayudó a condenar a los asesinos de su hija en la encarnación pasada?

Ulises, que estaba ceñudo, introspectivo, absorbiendo toda esa información, dedujo:

– ¡Pero es claro! Ahora las cosas tienen sentido para mí.

Adamastor soltó una carcajada furiosa y exclamó:

– ¡Por fin Ulises! Veo que mi buen hijo por fin ha vuelto con todas sus facultades mentales.

Y lo abrazó torpemente mientras su risa psicótica resonaba por el desierto del lúgubre valle.

15.- Venganza

"El espíritu maligno se aprovecha que aquel a quien quiere herir está aun apegado al cuerpo y, por tanto, menos libre, para atormentarlo más fácilmente y golpearlo en sus intereses o afectos más queridos. causa de la mayoría de los casos de obsesión."

El Evangelio según el Espiritismo –. Cap. X; artículo 6.

- Ahora que tienes todas las respuestas, Ulises, ¿podemos hablar de proyectos? - Preguntó Adamastor.

- Proyectos de venganza, querrás decir.

- ¡Claro! Después de todo, es por eso que te traje aquí. Debo agregar que Juliano está en prisión, en espera de juicio, acusado de asesinato. Sin embargo, existe una alta posibilidad que sea exonerado.

- ¿No culpable? Pero, ¿cómo?

- Contrataron a un buen abogado y afirman que Juliano te mató en defensa propia. Se basan en el hecho que estabas armado esa noche y que lo habías estado amenazando durante mucho tiempo. También tienen en cuenta el hecho que tú iniciaste la agresión, provocando a ese asesino.

- ¡Miserable! - Gritó Ulises, golpeando su mano -. ¿Cómo puede salirse con la suya de lo que ha hecho?

- Varias personas se ofrecieron como testigos; tanto las amenazas que has estado haciendo como la agresión de esa noche.

- ¡Un puñado de tarados, que ven con simpatía la unión de esas dos víboras traidoras!

Pero, ¿cómo pueden hablar de defensa propia cuando ni siquiera tuve tiempo de sacar mi revólver? El arma estaba en mi cintura... Creo que ni siquiera recordaba que estaba armado.

- Desafortunadamente... - agregó Adamastor. - Si el revólver hubiera estado en tu mano, el resultado hubiera sido diferente.

- ¡Fui un idiota! No debería haberle dado la oportunidad de atacarme así...

- Olvídalo. Lo que pasó, pasó.

- Pero fue demasiado rápido... Además, estaba borracho.

- Ahora ya no importa - afirmó Adamastor, poniendo su mano sobre el hombro de Ulises –. Lo que se hace, no se debe hacer. Tenemos que centrarnos en los planes de venganza.

- ¿Tienes alguna idea de cómo hacerlo?

- ¡Por supuesto que sí! Durante el velatorio de su cuerpo, Peixoto, quien fue tu padre en esta encarnación, juró venganza. La idea es convencerlo que lleve a cabo la amenaza. Si realmente acaba con el cuerpo físico de Juliano, ¡existe una gran posibilidad que el desafortunado termine aquí mismo, en nuestras manos!

- Además de impedir que se case con esa maldita traidora - concluyó Ulises, con los ojos inyectados en sangre por el odio.

- ¡Exactamente! Les imputaremos parte del sufrimiento por el que nos hicieron pasar. ¡Obtendrán lo que se merecen! Escucha, Ulises, necesitamos reforzar la idea de venganza en la mente de Peixoto. Para eso lo traeremos aquí, durante su sueño físico, y le imploras que cumpla la promesa hecha ante tu ataúd. Haz un llamamiento dramático para impresionarlo.

- Eso será muy fácil - aseguró Ulises –. ¡Trae al anciano aquí y déjame el resto a mí!

Adamastor se frotó las manos con entusiasmo.

- Es como te dije, joven: ¡aquí se proyecta, allá se ejecuta!

Juliano llevaba casi un año en prisión, sin que su abogado defensor encontrara los recursos para liberarlo. guiado por amigos, Flora y Reinaldo contrataron a otro, más experimentado, y el nuevo defensor se indignó por la mala marcha del proceso.

No estoy aquí para acusar a nadie – dijo –. Pero, me veo obligado a pensar que el profesional que contrataste fue muy ingenuo, negligente o deshonesto, porque Juliano perfectamente podría responder por el crimen, en libertad.

Y comenzó a trabajar para liberar al acusado. Pero le sorprendió la información que el juicio se llevaría a cabo pronto. Considerando que los argumentos de la defensa serían relativamente fáciles, no pidió un aplazamiento, seguro que no tendría dificultad en exonerar a su cliente.

A su juicio, la legítima defensa del imputado fue muy evidente, ya que la víctima, además de haber provocado la agresión, portaba en el cinto un revólver cargado. Los testigos de Juliano fueron abundantes; podría elegir lo mejor.

Ante el panorama favorable, Flora, Reinaldo y doña Francisca se mostraron confiados y felices, pero Juliano no pudo mostrar el mismo entusiasmo. El tiempo que pasó en prisión lo dejó muy conmocionado. Perdió demasiado peso, se puso triste y silencioso. Su mirada perdió ese brillo envolvente que cautivaba a todos.

✱ ✱ ✱

Para facilitar las visitas semanales que hacía a su prometido preso, siempre en compañía de doña Francisca o de su hermano, Flora adquirió un vehículo y le pidió a Reinaldo que le enseñara a conducirlo. Con su increíble habilidad para aprender, pronto estaba conduciendo con más habilidad que el propio instructor.

En una de estas visitas, Juliano la abrazó fuertemente y le dijo:

– Mi amor, no sé lo que me está pasando. Creo que me estoy volviendo loco. He estado teniendo pesadillas horribles, donde me veo en un lugar oscuro, siendo torturado por dos hombres extraños, que parecen odiarme mucho. Me despierto agitado y paso el día todos con fuertes dolores de cabeza. Me siento debilitado, desanimado, sin ganas de seguir viviendo...

Esa declaración asustó a Flora. Mientras Juliano hablaba, notó que temblaba mucho y, cuando lo miró, vio que el chico estaba llorando. Sintió un fuerte apretón en su corazón. Ella temía que le pasara algo grave y lo volvió a abrazar. Lamentó el hecho que no podía ofrecer a su amada una protección más efectiva que esa. Luchando por mantener su serenidad habitual, trató de calmarlo:

– ¡Juliano, mi amor, no te pongas así! Seguro que todo esto está pasando porque estás atrapado. Serás absuelto y nuestras vidas volverán a la normalidad. Reanudarás actividades, junto con Reinaldo y fijaremos una nueva fecha para la boda. Después de todo, mi hermano y yo continuamos con la construcción de nuestra casa y está casi lista. Tendremos un hermoso viaje de luna de miel y todos estos dolores serán olvidados.

La voz de Flora fue como un bálsamo para el sufrimiento interior de Juliano. Al escucharla hablar, se sintió más emocionado y dejó de llorar. Pero en el fondo, no estaba tan seguro de la felicidad futura. Se sintió inmerso en un inmenso vacío, influido por ideas oscuras, completamente desprovisto de alegría.

16.- Ojo por ojo

"El Espiritismo viene a probar que los demonios no son más que las almas de los hombres perversos que aun no se han desembarazado de los instintos materiales, y que solo se les puede apaciguar sacrificando su odio, a través de la caridad..."

El Evangelio según el Espiritismo – Cap. XIII; artículo 9.

Extrañar a su hijo creaba un aire de tristeza y desolación en el hogar de Peixoto y Dolores. La pareja, que llevaba años en una relación fría y silenciosa, sintió que esa distancia se ensanchaba aun más, por la ausencia de Ulises.

La habitación que ocupaba el muchacho se mantuvo exactamente igual que el día de su asesinato; con todas las cosas que le pertenecían: ropa, perfumes, zapatos, fotografías, documentos personales... Todo estaba en los mismos lugares, sugiriendo que Ulises no había muerto, sino que había emprendido un viaje, del que volvería en cualquier momento.

La pareja no tenía parientes en esa ciudad y, como casi no había diálogo en su relación, guardaban en sus corazones mudos las angustias y frustraciones que habitaban la intimidad de cada uno. Dolores, que tenía una relación más estrecha con el padre Juan, en ocasiones se desahogaba con él. Lloraba de corazón y escuchaba unas palabras de consuelo que, en cierto modo, sirvieron para aliviar el dolor de su alma.

Pero Peixoto no asistía a la iglesia, asumiendo la condición de ateo. Como no era muy sociable, no tenía amigos con los que desahogarse. Pasaba sus días en silencio, sentado a la sombra de los árboles que rodeaban su casa, inmerso en su propia tristeza.

Sin embargo, esa mañana, mientras desayunaban, el sitiador, mostrando un claro malestar, rompió el silencio.

- Esta noche estuve con nuestro hijo - comentó, con voz desolada.

La esposa lo miró, sorprendida.

- Oh, quieres decir que soñaste con él.

- ¡No, Dolores! No fue un sueño. Fue un encuentro real.

- ¡No, Peixoto! Los encuentros reales no ocurren entre los vivos y los muertos. Estás impresionado, porque soñaste con nuestro hijo. Lo cual es perfectamente normal. Por cierto, ¿cómo puede alguien que dice ser ateo creer que se ha encontrado con un muerto?

Peixoto miró a los ojos de la mujer, tratando de lograr la coherencia de lo que decía, pero no sabía qué más pensar. Estaba demasiado convencido de la reunión con su hijo para considerar teorías dogmáticas.

- Dolores, digo que estuve con Ulises y no fue un sueño. Estaba en un lugar muy extraño, frío y oscuro. Me mostró su cabeza rota, muy hinchada. Sus ojos eran de color púrpura, los párpados saltones. ¡Se veía horrible!

Ante esta descripción, Dolores sintió un escalofrío y su corazón se sintió extremadamente apretado. No podía imaginarse a su amado hijo en una situación tan negativa, pero el tono de voz de su esposo era demasiado imponente para cuestionarlo.

- ¡Me habló, Dolores! Lloró mucho y me pidió que cumpliera la promesa hecha frente al ataúd. Quiere que vengue su muerte. Dijo que solo descansará después de eso.

Dolores se sobresaltó. Miró seriamente a su marido.

- Pero, no estarás pensando en hacer eso, ¿verdad?

- De hecho, ya me había replanteado esta cuestión, pero ahora, ante el llamado de Ulises, volví a plantearme la idea.

- ¡No, Peixoto! - Dolores suplicó, tomando automáticamente las manos de su esposo -. No puedes hacer eso...

Es un pecado mortal... ¡Vas al infierno y estarás perdido para siempre!

De un tirón, Peixoto se liberó de sus manos. Se levantó bruscamente y salió al patio trasero. No podía permitir que Dolores lo viera llorar.

Ese día, el padre Juan dio un largo y razonado consejo a la madre de Ulises, diciéndole que rezara mucho, porque era evidente que fuerzas diabólicas rondaban su casa.

- ¡Ore mucho, doña Dolores! - Le dijo el vicario -. Si tú y tu esposo no se cuidan, terminarán volviéndose locos. ¡Recuerda que el único antídoto contra el mal es la oración ferviente que nos asegura la protección y amparo de Dios!

Unos días después, Peixoto buscó a un policía llamado Cosme, quien era muy conocido por su carácter dudoso, y le preguntó:

- ¿De casualidad sabe el paradero de ese revólver que tenía mi hijo la noche del asesinato?

- Está guardado en un lugar muy seguro - respondió el policía. - Al igual que el taco de billar utilizado para asesinar a Ulises, es parte de las pruebas que se utilizarán en el juicio de Juliano.

- Entonces no hay la menor posibilidad de recuperarlo - preguntó Peixoto, mostrando cierta frustración.

- Al menos, por ahora, no. Después del juicio, hay una manera. Después, ese material está en un lugar de más fácil acceso - dijo Cosme, interesándose mucho en el tema -. ¿Estás interesado en tenerlo de vuelta?

- De hecho, si. Y una reliquia familiar...

Tras un breve silencio, al percatarse de las intenciones de Peixoto y de la posibilidad de ganar algo de dinero, el policía aventuró:

– ¿Ninguna otra arma? – Preguntó, guiñando un ojo –. ¡Puedo conseguirte un revólver tan bueno como ese, con munición y todo! Después de todo, no es seguro estar sin un arma en casa en estos tiempos de tanta violencia...

Peixoto vaciló. Tenía miedo que la policía lo estuviera incriminando para atraparlo en el acto. Pensó en darse por vencido, pero en ese momento, la imagen de Ulises llorando y pidiendo venganza vino a su mente muy claramente. Sintió un fuerte escalofrío y dijo decidido:

– ¡Está bien, Cósimo! Puede ser otra arma, pero debe tener buen calibre y estar en excelentes condiciones de uso.

El policía sonrió triunfante y le aseguró:

– No se preocupe, señor Peixoto. Quedarás satisfecho con el trato que hacemos.

Acordaron el precio y, al día siguiente, Cosme fue a casa de Peixoto a entregar el paquete.

A partir de ese día, una determinación cada vez más fuerte se apoderó del pensamiento de Peixoto. Los encuentros nocturnos con Ulises se hicieron cada vez más frecuentes y el chico, cada vez más angustiado y lloroso, hacía renovar a su padre su juramento de venganza.

Notando el extraño comportamiento de su esposo y recordando siempre las advertencias del padre Juan, Dolores continuó rezando y pidiéndole a Dios que proteja su hogar. Las oraciones se rezaban principalmente a la hora de las comidas, cuando su esposo siempre estaba presente, Dolores leyó pasajes de la Biblia que hablaban del perdón de las ofensas y del sufrimiento que se impone a quienes quitan la vida a los demás.

Peixoto fingió no entender los mensajes, pero en el fondo sentía una angustia inmensa. Sabía que lo que pretendía hacer no estaba bien, pero, por otro lado, no pudo resistir la dolorosa súplica del hijo que, a su juicio, había sido tan agraviado.

17.- El juicio

"... La venganza es un signo de la inferioridad de los hombres que se dejan llevar por ella y de los espíritus que también pueden sugerirla. Por eso, amigos míos, este sentimiento nunca debe vibrar en el corazón de quien se dice ser espírita."

El Evangelio según el Espiritismo – Cap. XIII; artículo 9.

Así llegó el día del juicio de Juliano. Antes de subirse a su coche para ir al Foro, llevándose consigo a Dolores, Peixoto escondió el arma bajo el asiento del vehículo, teniendo mucho cuidado que su mujer no se percatara de sus intenciones. Sabiendo que sería registrado en la entrada del edificio, dejó el revólver dentro del vehículo, que estaba estacionado cerca.

Dolores, con un rosario en las manos, oró aun más ese día, pidiendo a Dios que hiciera prevalecer la verdadera justicia. Sintiéndose tremendamente angustiada durante todo el evento, no pudo contener las lágrimas obstinadas que fluían en abundancia. Flora, Reinaldo y doña Francisca también estaban muy aprensivos, pero con buenas perspectivas para el veredicto. Confiaron en la competencia del viejo abogado, que les había asegurado la absolución del acusado.

El juicio comenzó en las primeras horas de un día nublado y frío. Hubo un gran alboroto en la ciudad y las butacas destinadas al público se llenaron en minutos. La mayoría de las personas que estaban allí estaban alentando un resultado favorable para Juliano.

La sesión terminó cuando ya estaba oscureciendo y una lluvia intermitente inundaba las calles de la ciudad. La decisión del jurado fue celebrada con tal entusiasmo que el juez tuvo que intervenir varias veces para mantener el orden en la sala.

Cuando Peixoto escuchó el veredicto, absolviendo al acusado del cargo de asesinato, se fue discretamente; tomó el revólver que estaba escondido en el auto; lo guardó en el bolsillo de su abrigo; Se posicionó cerca de la puerta, desde afuera, y esperó a que Juliano se fuera. En su mente, la imagen de su hijo destrozado, pidiendo venganza, era mucho más clara que antes.

✳ ✳ ✳

Una de las primeras personas en abandonar el Foro fue Dolores. Cuando vio a su esposo, recostado contra la pared, con ese rostro tenso, lo tomó del brazo y le dijo:

- ¡Vamos a salir de aquí! No hay nada más que hacer. Peixoto se liberó de sus brazos.

- Ve tú y espérame en el coche. Seguiré. Dolores lo miró con desconfianza.

- ¿Qué piensas hacer, esposo mío?
No estarás pensando en ninguna locura, ¿verdad?

- ¡No estoy loco, mujer! Solo quiero esperar a que salga ese asesino para poder contarle algunas verdades. Es lo menos que puedo hacer por nuestro hijo – Dolores dudaba que fuera solo eso.

- Por favor, Peixoto, vamos...

- ¡Vete, Dolores! – El hombre insistió bruscamente –. ¿Quieres arruinarlo todo?' ¡Te dije que me esperaras en el auto!

La mujer todavía pensó en decir algo, pero no encontró más palabras. Su esposo estaba muy decidido y ella se sentía impotente para revertir esa situación.

Echó a correr, con el corazón desbocado. Entró al vehículo, inició una profunda oración y sintió que espesas lágrimas volvían a bañar su rostro, mezclándose con el agua de la lluvia que había empapado su cabello y ahora corría por su rostro.

Le pidió a Dios que protegiera a su hijo y no abandonara a todas las personas involucradas en ese triste episodio. Pidió fuerza y consuelo para su esposo que estaba tan desequilibrado. Comenzó la oración del "Padre Nuestro", pero siguió repitiendo la siguiente frase:

– "Perdona nuestras ofensas, así como nosotros perdonamos a los que nos ofenden... Perdona nuestras ofensas..."

Desde el interior del coche, mientras rezaba, Dolores vio, a través de los cristales empañados, que había mucho movimiento en la puerta de salida del Foro. Le pareció una confusa aglomeración, que duró unos minutos y al poco tiempo todos se dispersaron, excepto Peixoto, que permaneció inmóvil, sentado en un escalón de la escalera, indiferente a la lluvia que le empapaba todo el cuerpo.

Dolores esperó un poco más y cuando se dio cuenta que su esposo no aparecía, se bajó del auto y corrió hacia él.

Mientras se acercaba, notó que estaba monólogo en voz baja. Ella se inclinó y lo envolvió en un cálido abrazo. Solo entonces se dio cuenta que él estaba llorando, mientras decía:

– ¡Perdóname, hijo mío! ¡No tuve el coraje de vengar tu muerte! Desafortunadamente, tu padre no es un asesino...

Dolores lloró junto a él, compartiendo las lágrimas que, de algún modo, sirvieron para aliviar la tristeza incrustada en sus almas desde la muerte de Ulises.

Luego se levantaron lentamente y, con pasos tambaleantes, abrazándose como dos lisiados, caminaron hacia el vehículo, rumbo a su casa sin intercambiar palabra. Durante todo el trayecto, Dolores acarició el rostro de su esposo y recién entonces se dio cuenta de cuánto había envejecido. arrugas profundas demarcaron su rostro y acogieron las dolorosas lágrimas que ya no pudieron contenerse en su alma.

Esa noche durmieron abrazados. Cada uno buscando en el otro el calor humano, el consuelo y el compañerismo que hacía tantos años que no compartían.

✳ ✳ ✳

Solo dos semanas después, Peixoto estuvo dispuesto a contarle a su esposa lo que había sucedido fuera del Foro.

Cuando Juliano salió abrazado a su suegra ya su prometida, tenía el revólver en el bolsillo del abrigo, decidido a matar al asesino de su hijo.

Pensó que Juliano se regodearía con su sufrimiento, celebrando el resultado del juicio, mirándolo con desdén y desafiándolo con una risa burlona.

Pero la actitud del chico fue todo lo contrario. Juliano, de rostro cabizbajo y circunspecto, pidió permiso a las mujeres y caminó hacia Peixoto.

Estaba visiblemente triste, abatido, con los ojos inyectados en sangre. Se acercó, sumiso, y en un tono de voz respetuoso, suplicó:

– Señor Peixoto, sé que no soy digno, pero me gustaría mucho pedirle perdón. Ojalá nada de esto hubiera pasado; desearía que tu hijo viviera... Pero desafortunadamente, no puedo retroceder en el tiempo y deshacer lo que se ha hecho.

Juliano sabía que Peixoto había jurado venganza y parecía haberse dado cuenta que estaba armado. Sorprendentemente, comentó:

Sé que usted y su esposa están descontentos con la muerte de Ulises y creo que es perfectamente normal. En tu lugar, yo también lo estaría. Si crees que merezco morir, y si pretendes matarme para vengar la muerte de tu hijo, entenderé tu actitud y no te odiaré por ello.

Mientras hablaba, a Peixoto le empezaron a temblar las piernas; su corazón latía salvajemente y el arma permanecía olvidada en lo profundo del bolsillo de su abrigo.

Desconcertado por la insólita situación, el padre de Ulises vio el momento en que Juliano, llorando mucho, abrió los brazos y lo invitó a abrazarlo.

Todas las personas que presenciaron la escena estaban emocionadas y aprensivas, esperando la reacción de Peixoto, quien, al principio, se mantuvo impasible.

De repente, comenzó a escuchar una frase que le susurraban repetidamente al oído:

"Perdona nuestras ofensas, como nosotros perdonamos a los que nos ofenden... Perdona nuestras ofensas..."

Sonaba como la voz de Dolores. Peixoto pensó que su mujer estaba a su lado. La buscó, pero no encontró a nadie. Juliano aun tenía los brazos abiertos y esa voz interior no dejaba de recordarle que necesitaba perdonar a su deudor.

Peixoto recordó que no era un santo; quien también era dueño de sus deudas y necesitaba ser perdonado por sus víctimas.

Cuando menos se dio cuenta, estaba abrazando al asesino de su hijo. En ese momento, sintió que su alma estaba liberando una carga muy pesada. No había más dolor en su corazón. Por supuesto, la tristeza y el anhelo permanecerían allí, pero el deseo de venganza definitivamente fue superado.

Cuando todos se fueron, muy emocionados, Peixoto no tuvo fuerzas para mantenerse en pie. Así que permaneció sentado en las escaleras hasta que Dolores fue a su encuentro y lo rescató.

Al día siguiente, lo primero que hizo fue destruir el revólver con un pesado mazo y arrojarlo al fondo de un lago.

Luego se sentó a la sombra de los árboles y sintió un impulso irresistible de conocer a Dios. Abrió la biblia que había tomado a escondidas de Dolores, y comenzó a leerla en voz alta. Nunca más se llamó ateo a sí mismo.

Tres meses después, Peixoto y Dolores vendieron la propiedad y se mudaron a una ciudad lejana, donde vivían algunos de sus familiares. Allí lograron una mayor compenetración con las personas de su entorno y dejaron de tener una vida tan reservada.

Un día, la pareja se enfrentó a una situación muy delicada dentro de su propia familia. Impulsados por un fuerte sentimiento de compasión, terminaron adoptando oficialmente a un sobrino nieto, fruto de una relación conflictiva.

Al niño, de constitución frágil, le dieron el confort y la paz del hogar que los padres, irresponsables y adictos, no pudieron ni quisieron brindar.

La presencia del pequeño en sus vidas, ocupando, de alguna manera, el vacío dejado por la ausencia de Ulises, trajo un gran alivio a sus corazones, aunque la sombra de la tristeza, ganada por la pérdida de su amado hijo, nunca se había disipado del todo.

TERCERA PARTE

18.– El hipnotizador

"Los enemigos del mundo invisible manifiestan su malevolencia por las obsesiones y sometimientos a los que se enfrentan tantas personas y que representan una especie de calvario, que, como los demás, contribuyen al adelanto del ser."

El Evangelio según el Espiritismo – Cap. XIII; artículo 6.

Adamastor estaba extremadamente malhumorado. Había seguido de cerca el desenlace de los hechos en la puerta del Foro y gesticulaba nerviosamente mientras le contaba los hechos a Ulises. Los dos estaban sentados alrededor del brasero en el patio del pueblo, y la voz profunda del hombretón resonaba en el aire, amplificada por la irritación.

¡Sospechaba que Peixoto no era nada! ¡Pequeño compañero débil! ¡Sentimentalista, cobarde! ¿Crees que, además de no vengarte de nada, igual terminó haciendo las paces con Juliano?

Ulises también estaba descontento.

– Siempre pensé que mis padres eran muy suaves. Realmente, no se podía esperar mucho de ellos.

– Había que ver a Peixoto y a Juliano llorando, abrazándose, y muchos besos a su alrededor, aplaudiendo su reconciliación. ¡Qué escena tan ridícula, me dio náuseas! – Mientras hablaba, Adamastor miró de un lado a otro, como si estuviera esperando a alguien.

– Menos mal que no estaba allí – comentó Ulises –. No creo que mi estómago pudiera haberlo soportado.

Adamastor lo miró y dijo, con una voz menos alterada:

- Ulises, aun no estás listo para ir a ningún lado. Tu llegada aquí es muy reciente y temo que te dejes influenciar por situaciones o personas con las que te cruces que te puedan hacer daño. Necesitas fortalecerte más; estar más preparado para salir de aquí.

- ¡Todo bien, todo bien! – Estuvo de acuerdo el chico –. Por supuesto que tengo curiosidad por explorar el territorio, dar un paseo, pero confío en tu sabiduría. Seguiré tus recomendaciones. No te preocupes.

Adamastor asintió positivamente con la cabeza.

- ¡Excelente! Así es como se habla.

- De todos modos, aunque pudiera caminar, no podría – completó el chico –. Todavía me duele terriblemente la cabeza. A veces, hasta me mareo de tanto dolor. Por cierto, ¿puedes decirme cuánto tiempo tendré que vivir con este sufrimiento?

- ¡Ulises, Ulises! – Gritó Adamastor, con el tono más tranquilo que pudo –. Hay cosas en la vida con las que tienes que aprender a vivir. Este dolor que sientes solo desaparecerá el día que te sientas reivindicado por la violencia que sufriste. Hasta entonces, tendrás que vivir con ello. Intenta acostumbrarte. Con el tiempo, ni siquiera lo notarás.

- Significa que mientras no me sienta reivindicado...

- ¡No te librarás del dolor! – Añadió Adamastor. Luego abrió la tapa, señaló su abdomen y dijo –. Echa un vistazo aquí, en mi vientre – Ulises se acercó y notó que la piel del abdomen de Adamastor estaba ennegrecida y extremadamente seca, como si hubiera sido quemada.

En varios lugares, las llagas supurantes rezumaban un líquido espeso, verdoso y maloliente.

Esa visión espantosa lo disgustó un poco, pero fingió que no le importaba.

- ¿Qué significa esto de todos modos? – Preguntó –. Heridas infligidas hace casi un siglo, por las personas que nos torturaron, antes que nos asesinaran. ¿Ves, cómo todavía no han sanado? Solo se curarán el día que me sienta plenamente reivindicado. Es decir, el día que logre hacer que Juliano experimente los mismos sufrimientos que yo enfrenté, por su culpa.

– Pero, ¿qué hay de mis heridas de esa época? Dijiste que sufrimos las mismas torturas...

– Tus viejas heridas quedaron momentáneamente olvidadas, debido a los dolores actuales, que son más vívidos en su mente. Pero, no estás libre de ellas. Llegará el momento en que emergerán; tan vivas y dolorosas como el día en que fueron abiertas.

Ulises se quedó pensativo, mostrando cierta preocupación. El conocimiento que tendría que vivir con tanto dolor no era alentador.

Además, esas heridas de purga en el vientre de su protector le causaron una impresión muy negativa.

***

De repente, al ver que alguien se acercaba, Adamastor comentó:

– ¡Tendremos visita, Ulises! Es una persona que necesitas conocer.

– ¿Quién es? – Preguntó el chico, tratando de visualizar la figura que se acercaba.

– La ventaja de permanecer mucho tiempo en un mismo lugar es que acabas conociendo gente muy interesante.

Apenas hubo terminado de hablar cuando el desconocido, acercándose a él, le tendió la mano.

– ¡Cómo estás, Adamastor!

– Adelante, Odair... – respondió el anfitrión, sin mucho entusiasmo. Luego señaló a Ulises. Este es mi hijo, el chico del que te hablé.

Ulises se levantó para saludar al recién llegado y quedó impresionado por su aspecto excéntrico. Odair tenía el pelo y la barba muy largos y blancos. Llevaba una larga capa negra y un sombrero puntiagudo de ala caída, también negro. Parecía uno de esos personajes místicos de los libros de magia. Su mirada era severa y penetrante; el rostro, surcado por profundas arrugas, no transmitía ningún tipo de sentimiento.

Miró a Ulises por unos segundos y le preguntó:

– Entonces, joven, ¿te has adaptado a la nueva condición?

– Me estoy acostumbrando... – respondió, sin mucha convicción. Adamastor tomó la palabra.

– Ulises, creo que tienes curiosidad por saber quién es Odair, ¿verdad?

El chico asintió en acuerdo.

– Bueno, él es lo que algunas personas llamarían un mago, hechicero, brujo o lo que sea. Pero para mí es el hipnotizador más competente que jamás haya existido.

Odair no pudo contener una risita de satisfacción. Sabía que Adamastor estaba exagerando para complacerlo, pero aun así, le gustaba que lo halagaran.

– ¿Y qué hace exactamente? preguntó Ulises .

Odair desarrolla una importante labor en el ámbito material y es muy buscado por los vengadores que se encuentran aquí. Su especialidad es dominar la mente de ciertos individuos encarnados y alimentarlos con energías nocivas, contaminándolos con enfermedades psicosomáticas, que repercuten en el cuerpo físico.

Ulises los miró fijamente a los dos, sin ninguna reacción; dejando claro que no había entendido absolutamente nada.

Odair, dándose cuenta de su limitación intelectual, lo explicó mejor:

– Ulises, soy parte de una legión que trabaja en ambos planos de la vida. Nos especializamos en técnicas de hipnosis y durante más de 300 años he utilizado mis conocimientos para que la gente acepte mis sugerencias. Cuando están bajo mi mando, los convenzo que están muy enfermos y aprovecho este momento de debilidad para insertar en su campo mental una especie de "veneno fluidico", que les está minando la energía vital. ¿Entendiste?

– Casi nada – respondió Ulises con sinceridad.

– ¡Es un trabajo de sugerencia y convencimiento, jovencito! Convenzo al individuo que está muy enfermo y, al mismo tiempo, le doy un "estiramiento", inyectándole energías negativas que, sumadas a la autosugestión, generarán el efecto propuesto.

– Pero, ¿cómo te las arreglas para acercarte a estas personas sin ser acosado?

– Bueno, como te dije, son más de tres siglos de práctica. Aprendí a conocer muchos "atajos" que dan acceso al enfoque. Además, en la mayoría de los casos, es el propio encarnado es el que facilita mi visita.

– ¿La facilita? ¿Cómo?

– La ley de la atracción es algo irresistible. Como el propósito de mi trabajo no es el mejor, las personas que también viven con decaimientos morales prácticamente me invitan a estar con ellos. Y como dicen: "¡vibramos a la misma frecuencia!"

– Un momento – interrumpió Ulises –. No puedo entender todo lo que dices, Odair, pero corrígeme si me equivoco. Parece que tú y Adamastor están conspirando para enfermar a Juliano, ¿es eso?

– ¡Perfectamente, querido! – Odair aplaudió –. Eres un chico muy inteligente.

Ulises sonrió entre avergonzado y satisfecho. Adamastor, que hasta entonces había permanecido en silencio, comentó:

– De hecho, ¡ya hemos empezado a trabajar! La diferencia es que a partir de ahora, los ataques ya no se realizarán en la celda de la prisión, sino en el domicilio del sujeto.

– No hace ninguna diferencia para mí – dijo Odair.

Y en ese momento se inició una animada conversación, esbozando los detalles del proyecto de venganza contra Juliano.

En realidad, las acciones de persecución promovidas por Adamastor y Odair ya habían comenzado desde que Juliano estaba en prisión, lo que explicaba las pesadillas, dolores de cabeza y desaliento que ya lo afectaban en ese momento. Juliano, por las circunstancias de una educación alejada de las prerrogativas divinas, no tenía la costumbre de rezar. Aunque era de buen carácter, vivía alejado de Dios, sin buscar en el beneficio de la oración el apoyo y la protección que pudiera librarlo de las garras del enemigo invisible.

De hecho, vivió como vive una inmensa multitud, ignorando las influencias espirituales, buenas y malas, a las que los hombres están sometidos diariamente. Siempre que lo invitaban a conocer las enseñanzas cristianas, siempre se retiraba, albergando un oculto sentimiento de vanidad que lo colocaba delirantemente por encima de estas necesidades.

Su propio sentido del orgullo hizo de él un terreno fértil para las acciones despiadadas de sus perseguidores.

19.- La enfermedad

"Le tocó al Espiritismo demostrar, a través de la experiencia y de la ley que rige las relaciones entre los mundos visible e invisible, que la expresión: 'extinguir el odio con sangre' es radicalmente falsa, que la verdad es que la sangre alimenta el odio, incluso más allá del tumba."

El Evangelio según el Espiritismo – Cap. XIII; artículo 5.

Tras su absolución, Juliano intentó retomar el ritmo normal de vida. Lo primero que hizo fue volver a sus actividades de carpintería. Sin embargo, se sentía totalmente fuera de lugar, incapaz de concentrarse en su trabajo.

Reinaldo insistió en que su cuñado se tomara un descanso, que descansara un poco, que hiciera un viaje... Pero Juliano dijo que ya había descansado demasiado durante el tiempo que estuvo en prisión. Contando con el apoyo irrestricto de Reinaldo y doña Francisca, Juliano y Flora reprogramaron la fecha de la boda para ocho meses después. Se dieron cuenta que el tiempo es demasiado valioso para desperdiciarlo. A pesar de tanta adversidad, el amor entre ellos no hizo sino aumentar, sobreviviendo a tan negativas circunstancias.

Los dos volvieron a salir, como en los viejos tiempos, frecuentando la sala de proyección de películas, la plaza de la iglesia y el parque, donde el hombre de las palomitas continuaba con su antiguo cántico.

Pero, aunque seguía amando a Flora con la misma intensidad que antes, Juliano estaba cambiado, careciendo del entusiasmo que siempre había marcado su personalidad. Parecía un autómata. Estuvo, muchas veces, con la mirada perdida, mirando al vacío, sin metas definidas.

El padre Juan, aunque muy molesto con la situación, ya que condenaba la actitud del prometido de Flora, atendió el pedido de doña Francisca y accedió a celebrar la boda en su iglesia.

La construcción de la hermosa residencia estaba muy avanzada y pronto estaría lista para recibir a la pareja.

Juliano vivía sus últimos días de soltero en el apartamento de la parte trasera de la carpintería y, una noche, tuvo un sueño muy claro con Ulises. El muchacho se presentó todo deforme, con mucho odio en los ojos, y dijo que se vengaría de él.

El prometido de Flora despertó sobresaltado y tuvo la impresión que había alguien más en su habitación. Se levantó apresuradamente, encendió la lámpara y registró la habitación, pero no encontró a nadie. Volvió a la cama y no pudo dormir esa noche.

Mantuvo el episodio en secreto y el mismo sueño se repitió unos días después. Peor que las pesadillas fueron los dolores de cabeza con los que empezó a despertar. Inicialmente, se calmaron con analgésicos comprados en la farmacia, que tomó por su cuenta. Con el tiempo, dejaron de funcionar.

Un día, Flora notó la mirada de sufrimiento del novio y le preguntó:

– ¡Dios mío, Juliano! ¿Qué cara es esa? – No pudo ocultarlo.

– ¡Mi cabeza está a punto de estallar!

– ¿Por qué no te tomas una pastilla?

– He tomado varias, pero no sirve de nada. Llevo muchos días así.

Flora, bastante preocupada, logró convencerlo que fuera al médico y lo acompañó. Durante la consulta se concluyó que se trataba de una migraña simple y Juliano estaba medicado.

Sin embargo, unos días después, volvería al médico alegando que los dolores eran mucho peores. Además de los dolores de cabeza, ahora sentía una fuerte presión craneal, falta de equilibrio, mareos y visión borrosa. Con el tiempo, la afección progresó a náuseas y vómitos, además de una gran dificultad para respirar y coordinar los movimientos.

El médico decidió hacerle pruebas de laboratorio, pero el resultado no mostró ningún problema que justificara esos síntomas.

Cada vez más preocupada por la enfermedad de su prometido, Flora le pidió ayuda a Reinaldo y juntos llevaron a Juliano a una ciudad mucho más desarrollada, donde había un hospital muy moderno.

Allí, el paciente estuvo hospitalizado durante una semana y se le realizó una extensa batería de exámenes, con lo más moderno en cuanto a equipamiento hospitalario. Pero, ante el asombro del equipo médico, que en base a los síntomas consideró que tenía un tumor cerebral, todos los resultados fueron negativos.

✳ ✳ ✳

Juliano volvió a casa en silla de ruedas, tan grave era su debilidad. Estaba delgado, pálido y con problemas de memoria. Con el tiempo, empezó a delirar; pronunciando nombres extraños, contando historias que nadie conocía, sobre un padre y un hermano muy malvados que se suponía que conocería pronto para ajustar cuentas.

Deprimida por el sufrimiento de su prometido, Flora consiguió permiso de doña Francisca para que se quedara en la casa donde vivían con Reinaldo. Doña Francisca no solo accedió, sino que se puso a disposición para brindarle a su yerno toda la ayuda necesaria. Reinaldo también encontró la propuesta encomiable y dispuso que las pertenencias personales de su cuñado fueran transportadas a su casa.

Flora, desconsolada, vio que la felicidad se le escapaba de nuevo entre los dedos, notando que su prometido se consumía con espantosa rapidez. Empezó a decir muchas oraciones, pidiéndole a

Dios que la ayudara a superar ese dilema; eso indicaba un camino a la salvación de Juliano. Una vez más, la fecha de la boda fue cancelada, ya que nadie tenía la menor idea de lo que estaba por suceder.

Y así fue como, una noche, Flora soñó con una mujer que se presentaba toda vestida de blanco. Tenía el rostro sereno pero triste, y le dijo:

– ¡Flora, ayuda a tu prometido! ¡Libéralo de esta enfermedad! Su problema es espiritual. No encontrarás una cura solo en los hospitales que cuidan el cuerpo físico. ¡Y necesita cuidar el alma!

La joven despertó sobresaltada, oliendo en su habitación un suave aroma a perfume. Pasó el resto de la noche despierta y al día siguiente se lo contó a su madre. Doña Francisca, a pesar de la estricta educación católica a la que fue sometida por sus padres, tenía una mente muy abierta y decía:

– Si yo estuviera en su lugar, buscaría un Centro Espírita. Después de todo, ¿qué se pierde?

– ¿Irías conmigo?

– Pero, por supuesto, ¡hija mía! – Respondió, acariciando el rostro de Flora –. Para verte sonreír de nuevo, como en los viejos tiempos, haría cualquier cosa.

La joven, con los ojos llorosos, la abrazó, conmovida.

– Doy gracias a Dios todos los días por darme una madre tan especial como tú! No sé de dónde sacaría fuerzas para afrontar tanta adversidad si no pudiera contar con vuestro apoyo.

20.- Amor fraterno

"Nada se pierde en el reino de nuestro Padre, y vuestro sudor, vuestras miserias forman el tesoro que os debe enriquecer en las esferas superiores, donde la luz reemplaza a las tinieblas y donde los más desvalidos entre vosotros serán quizás los más resplandecientes."

El Evangelio según el Espiritismo – Cap. VI; artículo 6.

Al día siguiente, Flora buscó información y descubrió que en las afueras de la ciudad había un hombre llamado Noroña, quien era director de un Centro Espírita. El domingo siguiente por la mañana, dejando a Juliano al cuidado de Reinaldo, fue a buscar a ese hombre, en compañía de su madre.

En la dirección indicada, los dos se encontraron con un modesto edificio de un piso, establecido en una calle descalza, en una localidad pobre de las afueras. Flora estacionó el auto frente al portón, donde un cartel de madera exhibía, en letras azules bien dibujadas, la siguiente inscripción: "Centro Espírita de Amor Fraterno."

Un pequeño grupo de niños alegres, humildemente vestidos, rodeó el vehículo, mirando con curiosidad a Flora y doña Francisca, mientras ambas desembarcaban.

– ¿Conocen al señor Noroña? – Preguntó Flora, dirigiéndose colectivamente a los niños. Tan pronto como terminó de hablar, uno de los muchachos salió corriendo, gritando:

– ¡Noroña! ¡Señor Noroña! ¡Hay una visita para ti!

Menos de un minuto después, un hombre sonriente, que a pesar de su rostro jovial aparentaba tener más de 70 años, apareció en la puerta y recibió a las dos mujeres con gran simpatía.

– ¿Cómo puedo serles útil, señoras? – Preguntó.

– Tenemos que hablar contigo… – respondió Flora, un poco avergonzada por la presencia de los niños, que seguían observándolos.

Al darse cuenta que se trataba de asuntos espirituales y que la conversación debía ser reservada, el anciano las invitó, mientras abría la puerta:

Así que será mejor que entres, para que podamos hablar más cómodamente.

Doña Francisca y Flora fueron conducidas al pequeño salón, completamente vacío y silencioso a esa hora. Allí, había una sala de conferencias, con unas pocas docenas de sillas destinadas a la asistencia. En una de las paredes laterales había un grabado de Jesucristo poniendo sus manos sobre un niño enfermo, representando una conmovedora escena de sanación espiritual. En la pared frontal, dos pequeñas puertas daban acceso a las salas donde se realizaban los pases magnéticos y las reuniones mediúmnicas.

Noroña las invitó a sentarse y, luego de presentarse, Flora explicó la dramática situación de Juliano, siendo escuchada sin interrupción por el líder espírita. Incluso detalló el sueño que tuvo con la mujer vestida de blanco que la guio a buscar ayuda espiritual.

Al enterarse que existía una gran posibilidad que el novio estuviera siendo víctima de espíritus obsesivos, la muchacha preguntó con ingenuidad:

– Pero, señor Noroña, mi prometido es un buen hombre. ¿No deberían los hombres buenos recibir protección especial de Dios? ¿Cómo pueden estar a merced de los malos espíritus?

Noroña sonrió dulcemente y respondió:

- Hija mía, en el Evangelio de Jesús, según Marcos, leemos que cuando una persona se arrodilló ante el Nazareno, y le preguntó:

"Maestro bueno, que debo hacer para ganar la vida eterna?", habría dicho: *"¿Por qué me llamas bueno? Solo Dios es bueno, y nadie más..."*

Nótese que el mismo Cristo rechazó la calificación de "buenos." Por tanto, decir que entre nosotros hay hombres buenos es temeroso de mejorar y esto es un gran mérito, pero de ser bueno hay mucha diferencia. La bondad absoluta requiere un grado de pureza que, lamentablemente, los que estamos aquí, en la etapa de expiación y reparación, aun no poseemos.

- Pero ser trabajador, educado, honesto...

No es más que la obligación del hombre consciente de sus responsabilidades. Así como no es aceptable que un joven siga cometiendo los errores de la niñez, o que un adulto permanezca en las locuras de la adolescencia, no es natural que los hombres, tan evolucionados intelectualmente, continúen, en el aspecto moral, comportándose como niños ingenuos e intrascendentes. Hace casi dos mil años que Jesús nos enseñó la doctrina del amor incondicional, pero aun no somos lo suficientemente maduros para ponerla en práctica. Mucho antes, Moisés recibió la psicografía de las leyes morales, es decir, los diez mandamientos, que dicen, entre otras cosas, no matar y no hurtar; sin embargo, aun hoy en día hay muchas personas que roban y matan como si fuera la cosa más natural del mundo.

Flora lo miró sorprendida. Nunca había pensado en tales ideas, que le sonaban tan obvias.

- ¡Pero los hombres malos no son solo asesinos y ladrones, hija mía! - Continuó Noroña -. El mal también está en el calumniador, el soberbio, el altivo, el codicioso, el egoísta, el colérico, el perezoso, el celoso, el mentiroso... Por supuesto, estos males se manifiestan en mayor o menor grado, según la persona que los cultiva, pero cualquiera que sea su grado, es él quien abre las puertas mentales del hombre a la acción de espíritus malignos que, sintiéndose atraídos por vuestra mala conducta, se creen con derecho a "alojarse" en vuestra casa.

- Entonces, ¿crees que Juliano abrió sus puertas mentales para que un espíritu vengativo lo acosara?

- Hay una alta posibilidad que esto sea todo. Dijiste que tu prometido asesinó a un muchacho...

- ¡Sí! Pero fue en legítima defensa. Incluso ha sido juzgado y absuelto...

- Hija, mi observación no es para juzgar ni mucho menos para condenar a tu prometido. ¡Lejos de mí tales intenciones! Estoy considerando todas las posibilidades. Al fin y al cabo, una cosa es ser absuelto en un juicio y otra muy distinta ganarse el perdón de quienes se sintieron ofendidos por el delito cometido.

- ¿Crees que Ulises tiene algo que ver con la enfermedad de Juliano?

- Esto es demasiado pronto para decirlo, pero existe una gran posibilidad que sea él o alguien quien haya decidido vengarse.

- Pero, ¿esto está permitido?

- Dios ha dado al hombre libre albedrío y, siendo soberanamente justo, no vive interfiriendo en la elección de cada uno. A lo largo de los años al frente del trabajo fraterno que aquí se desarrolla, me he encontrado con situaciones sorprendentes. Hay tantas historias, algunas tan espectaculares, que si no fuera testigo de todas ellas, ciertamente dudaría que sean reales. Por cierto, la razón por la que me hice espírita ya es una historia intrigante, y si quieres escucharla, te la puedo contar.

Por supuesto que nos gustaría escucharlo", dijo Flora, mostrando curiosidad.

21.– Historia intrigante

"Que todos los espíritus dolientes comprendan esta verdad, en vez de protestar contra las penas, los sufrimientos morales que aquí en la Tierra son vuestra herencia. Tomad como lema estas dos palabras: devoción y abnegación, y seréis fuertes…"

El Evangelio según El Espiritismo – Capítulo VI, punto 8.

Noroña nació y vivió hasta los 30 años en una gran metrópoli, donde se había comprometido con una muchacha llamada Emília. Durante el período de noviazgo, se ocupó de todos los preparativos de la boda: compró un terreno, construyó una hermosa casa, la amueblaba con lo más moderno. A dos meses de la ceremonia, ya había comprado un costoso par de anillos y un traje azul marino que usaría en ese día especial.

Pero en esa ocasión, su hermano menor se le acercó y le rogó que no se casara con Emilia. Noroña no entendió nada y exigió que el niño se explicara.

– ¡Estoy loco por ella, hermano mío! Si te casas, no veo razón para seguir viviendo y ya he decidido que me voy a suicidar.

El prometido de Emilia se asustó y casi va tras el chico, por considerarlo una afrenta inaceptable. Pero se confundió y compadeció al ver a su hermano llorando desconsoladamente. Nunca lo había visto llorar, ni siquiera en la infancia.

El menor aseguró que nunca había mirado a Emilia con segundas intenciones y que la respetaba como a una hermana. Sin embargo, en contra de su propia voluntad, soñaba mucho con ella y en esos sueños ella dijo que ella también lo amaba y que los dos deberían casarse. Confundido y enojado, Noroña no respondió a su hermano. Salió corriendo y fue a hablar con la novia. Necesitaba aclarar esa historia. ¿Estaba siendo traicionado?

Pero Emilia, con toda la sinceridad de su alma, aseguró que nunca había mirado siquiera a su cuñado con malas intenciones y desconocía por completo esa historia. Pero acabó admitiendo que, incluso en contra de su voluntad, también soñaba periódicamente con él.

Noroña estaba aun más confundido y comenzó a cavilar sobre una cruel duda. ¿Qué estaría pasando de todos modos?

Hablando con un amigo, le aconsejaron buscar a una negra centenaria que vivía en las ruinas de un antiguo quilombo, en la zona rural de esa ciudad. El acompañante le reveló que la mujer tenía el don de describir cosas del pasado y de predecir el futuro. Lo más intrigante fue el hecho que ella realizó tales hazañas mientras dormía.

Más por curiosidad que por otra razón, Noroña fue a la choza de la anciana, a la que asistían dos hijas. Les donó algunas monedas y entró en la choza, donde la vidente, tendida en una mugrienta hamaca, fumaba una enorme pipa, respirando en el aire un dulce olor a hierbas secas.

Tan pronto como vio entrar al joven, colocó su pipa en un taburete a su cabeza. Cerró los ojos y en menos de un minuto estaba roncando. Noroña miró el rostro arrugado de la anciana. Su cabello, rizado y despeinado, era plateado y brillaba en las astillas de luz que se filtraban a través del techo de paja que cubría la cabaña. Dormida, se apoderó de ella una inmovilidad aterradora. Parecía muerta.

De repente, cuando parecía que nada iba a pasar, la mujer levantó lentamente su mano derecha y le indicó a Noroña que se acercara.

- El que pide solo quiere recuperar lo que le fue arrebatado
- dijo con voz cavernosa.

Noroña no entendió nada y, acercándose un poco más,
preguntó:

- ¿Cómo está, mi señora? ¿Puede usted repetir por favor?

- Tienes una vieja deuda que necesita ser saldada… -
continuó la anciana, su voz medio cantando -. Tomaste a la esposa
del chico. Ahora, puedes devolverla y estar bien con él y tu corazón,
o puedes negar su pedido y cometer el mismo error que antes.

Y contó una historia fantástica. Dijo que Noroña había sido
un cruel negrero en otra existencia. En ese momento, su hermano y
Emilia eran una pareja de esclavos capturados en África e
inmediatamente comprados por él.

Llevados a su finca, el dueño pronto se llenó de segundas
intenciones por la joven, que era una hermosa mujer negra, de
cuerpo esbelto y porte imponente. Al enterarse que ella estaba
casada y era extremadamente fiel a su pareja, el dueño de esclavos
trató de deshacerse de su rival, vendiéndolo al dueño de una finca
lejana.

La separación causó un sufrimiento indecible a los dos,
quienes nada pudieron hacer para evitar la maldad de su dueño.

Con el camino despejado, el granjero atacó a la muchacha,
que a diario lloraba la ausencia de su fiel compañero.

Al darse cuenta de las intenciones de su dueño,
simplemente desapareció, infiltrándose en la extensa maleza que
rodeaba la granja.

Tras varios días de búsqueda, su cuerpo fue encontrado en
avanzado estado de descomposición. Todo indicaba que había sido
mordida por una serpiente o había ingerido alguna planta
venenosa con la intención de suicidarse.

El labrador lamentó la muerte de la esclava, no por la
desgracia en sí, sino por el hecho que ella muriera sin que él tuviera
la oportunidad de llevar a cabo sus reprobables intenciones.

22.- Renuncia

"El sentimiento del deber cumplido os dará tranquilidad de ánimo y resignación. El corazón se sosiega, el alma se calma y no hay más desánimo, porque el cuerpo se ve menos afectado por los golpes recibidos cuanto más fortalecido se siente el espíritu."

El Evangelio según el Espiritismo – Cap. VI; artículo 8.

Noroña nunca creyó del todo el relato de la anciana, que le pareció muy fantasioso y sin ningún fundamento. Pero una gran inquietud comenzó a inquietarlo a partir de ese día.

Después de mucho reflexionar, decidió dejar la decisión en manos de la novia, ya que su hermano era inflexible en su postura, reafirmando que se suicidaría si la unión se concretaba.

¿Qué opinas que renunciemos al matrimonio? – Le preguntó, sin saber exactamente qué respuesta preferiría escuchar.

Y, con cierta sorpresa, vio que la novia hacía un gesto de indiferencia y respondía:

– Haz lo que creas conveniente.

– ¿Cómo así? – Preguntó Noroña –. ¿Quieres decir que ya no quieres casarte conmigo?"

La muchacha lo miró con desconcertante serenidad.

– Preguntas, yo no. Pero tampoco creo que sea justo renunciar al matrimonio, después de todo lo que has hecho. Después de todo, gastaste mucho dinero en los preparativos...

– ¿Así que por eso crees que deberíamos casarnos? ¿Para que no me lastime? ¿Y el amor que dijiste que sentías por mí?

Emília bajó los ojos, avergonzada, y esa actitud despertó en el corazón de Noroña la comprensión que no lo amaba.

De hecho, Emília, que en realidad nunca había mirado a su cuñado con segundas intenciones, empezó a observarlo mejor después de aquella grandilocuente revelación y se dio cuenta, entre la sorpresa y el miedo, que ella también lo amaba. Lo que le había impedido dejar que ese sentimiento aflorara era su sentido de fidelidad hacia su prometido. Ahora, acicateada por el comportamiento del muchacho, ya no podía permanecer indiferente.

Tres días después, Noroña dejó definitivamente su ciudad natal y se mudó al campo. Antes, acudió a una oficina de registro, donde registró un documento, legando a su hermano todos los bienes que poseía: la casa con todos los muebles, el traje azul marino y hasta el par de anillos. Nunca volvió a ese municipio, ni se reencontró con sus familiares.

Unos años más tarde, Noroña conoció por casualidad a un compatriota. Por él supo que su ex prometida y su hermano se habían casado; quienes eran muy felices y tenían tres hermosos y saludables hijos.

* * *

Me intrigó todo eso y decidí estudiar Espiritismo para ver si la historia tenía sentido y si había alguna explicación lógica para sustentarla – dijo Noroña, completando la narración de su vida –. Entonces me hice investigador del tema y, aunque nunca he probado la veracidad de mi propia historia, me he enfrentado a tantas situaciones similares, que ya no puedo dudar de lo que dicen las escrituras espirituales. Las leyes de causa y efecto y la reencarnación me dan la certeza que todo lo que nos sucede hoy es efecto de causas pasadas, así como lo que nos sucederá mañana será consecuencia de nuestras acciones de ahora. Incluso para los encuentros entre mi hermano y Emília, durante el sueño, encontré una explicación en los libros de la codificación espírita.

– Interesante... – Flora reflexionó pensativa. – Pero, ¿qué pasó con Emilia? Disculpa mi curiosidad, pero ¿la olvidaste?

– ¡No lo he olvidado, ni lo pretendo! Nadie pasa por nuestra vida por casualidad y ninguna experiencia de vida debe ser descartada, ya que todo contribuye a nuestro crecimiento. Cuando las ocurrencias son bien aprovechadas, incluso las negativas, acaban sirviendo de aprendizaje.

– Tienes toda la razón – dijo doña Francisca, que hasta entonces había permanecido en silencio.

– ¡Bien, mi señora! Estudiando el Espiritismo, además de los conocimientos que adquirí y que resolvieron mis mayores dudas sobre los fines de la existencia humana, descubrí también que soy médium. Así, me he esforzado por llevar a cabo mi insignificante pero indispensable tarea a mi entera satisfacción. Me entregué al trabajo espiritual y a las obras de caridad, sin las cuales, según Jesucristo, no hay salvación.

– ¿Te casaste? preguntó Flora.

– ¡Sí! Me casé con una mujer maravillosa que comprende y apoya mis iniciativas. Nuestra residencia se encuentra en el terreno de al lado. Somos una familia de cinco hijos, doce nietos y pronto tendremos bisnietos en camino. Soy lo que podría llamarse un hombre afectivamente bien resuelto – respondió Noroña, con una risa contagiosa.

– ¿Crees que algún día volverás a encontrarte con Emília?

– Creo que la historia de Emília, mi hermano y yo no está del todo resuelta. Si mi deuda con ellos es tan alta como la que expuso esa vidente, no hay duda que nos volveremos a encontrar, eso sí, en otra existencia, pues ciertamente todavía tengo algo que pagarles. Lo más importante es que aprendí a no guardar rencor por lo que sucede en esta encarnación, ni a vivir en la culpa por los errores del pasado. Siento que los tres hemos dado los primeros pasos hacia una futura reconciliación que será definitiva y que traerá paz a nuestros corazones.

– Tienes una visión muy optimista de la vida – dijo doña Francisca –. Aparentemente, los estudios que te has dado te han hecho mucho bien.

– ¡Gracias a Dios! exclamó Noroña. – Fue a través de ellos que me descubrí como un ser espiritual. Fue en ellos que encontré la verdad liberadora, un universo de conocimiento que nunca imaginé que existiera y que me mostró cuán insignificantes son las preguntas apasionantes que muchas veces guían nuestras acciones y nos conducen al camino de la perdición. Hace 23 años fundé este Centro Espírita y comencé a trabajar en la difusión de estas enseñanzas, además de ofrecer humildemente, junto a un dedicado equipo de trabajadores, la asistencia a nuestros hermanos dolientes que habitan ambas esferas. Después de casi dos décadas alejado del trabajo material por jubilación, me dedico de lleno a la causa espírita y, gracias a la benevolencia del Creador, mis facultades mediúmnicas se expandieron grandemente.

Impresionada por la historia del hombre, Flora accedió a regresar al Centro para un día de consulta y llevar al novio a un examen espiritual.

23.- El tratamiento

"En verdad os digo que los que llevan sus vergas y los que asisten a sus hermanos son mis amados. Instrúyanse en la preciosa Doctrina Espírita, que acaba con el error de vuestras rebeliones y que os enseña el sublime objetivo de la prueba humana."

El Evangelio según el Espiritismo – Capítulo VI, punto 6.

Tres días después, Flora regresó al Centro Espírita, acompañada de su madre y su novio, quienes se sintieron muy mal al ingresar al ambiente. Juliano sintió un fuerte vértigo, se sintió mal y quiso irse. Simplemente no lo hizo, porque estaba muy débil y necesitaba que alguien empujara su silla de ruedas.

Presentado a Noroña, fue conducido a una pequeña habitación con paredes blancas, donde un equipo de seis médiums estaba sentado, con los ojos cerrados, en profunda concentración. Colocado en una camilla, se acostó lentamente, sintiendo que la cabeza le daba vueltas, provocándole náuseas.

Noroña levantó ambas manos y oró:

– ¡Dios Padre Todopoderoso, imploramos Tu misericordia para aliviar el sufrimiento de nuestro compañero! Espíritus bienhechores que nos asistís, en nombre de Dios, os pedimos ayuda para librar a nuestro hermano Juliano de las ataduras del mal. Te da confianza en Dios y en el futuro, para que puedas superar este doloroso momento de aflicción. Dale la fuerza para no sucumbir a la desesperación y guía su pensamiento para el bien. Si su sufrimiento es promovido por la malicia de un hermano menos feliz, te pedimos que le quiten la venda que oculta la gravedad de su acción y lo induzcas al arrepentimiento y al cambio de conducta. También te pedimos que sus faltas sean perdonadas y que la misericordia divina alivie sus dolores. ¡Que así sea!

Después de la oración, Noroña, con suaves gestos, comenzó a aplicar un pase magnético en la región frontal de Juliano. Bajo la ayuda de un competente y amoroso equipo espiritual que trabajaba en ese Centro, el director de las obras pronto comenzó a percibir la energía densa y oscura que envolvía por completo la cabeza del muchacho.

A medida que el fluido contaminado se dispersaba, la pequeña habitación se saturó. Algunos psíquicos han tenido reacciones como tos, escalofríos en la columna, bostezos e incluso dolores de cabeza. Sin embargo, todos sabían que tales reacciones eran parte del trabajo y que nada de eso les afectaría más que el tiempo necesario para el cuidado fraterno.

Durante el tratamiento, que duró cerca de media hora, Noroña notó que dos entidades perversas permanecían conectadas al campo mental de Juliano. Eran Adamastor y Odair, quienes, aunque estaban lejos de allí, no dieron tregua a su víctima.

También notó que estaba presente un grupo de benefactores, encabezados por una mujer cuya fisonomía se asemejaba a la que se le había aparecido en un sueño a Flora, ya que la novia asistida le había detallado los rasgos fisonómicos de la aparición.

En ese primer día de asistencia, no hubo manifestación por parte de los espíritus que, a pesar de estar atentos al trabajo allí desarrollado, se limitaron a observar.

Después del servicio, Noroña despidió a Juliano, ofreciéndole una cantidad considerable de agua fluidizada, que debía ser ingerida varias veces al día, en pequeñas dosis, y le pidió a Flora que regresara con él en una semana. Él le dio una copia de *El Evangelio según el Espiritismo*, orientándola al conocimiento de la Doctrina.

– Al leer este libro, tendrás una buena idea de lo que está pasando con tu prometido y, si pones en práctica las pautas que los benefactores espirituales transmitieron al equipo de Kardec, y que están escritos en este libro, tú también puedes ayudarlo.

Flora se despidió confiada y, a partir de ese día, comenzó a leer el Evangelio diariamente, centrándose principalmente en el capítulo que trata el tema de los enemigos desencarnados.

✳ ✳ ✳

A medida que Juliano continuaba recibiendo tratamiento espiritual, se produjeron algunos cambios en el ambiente donde los obsesores se reunían para delinear sus estrategias de acción.

Adamastor notó que Ulises estaba inusualmente somnoliento y preocupado, ya que tenía una buena idea de lo que representaba. Llamó al hipnotizador y le preguntó:

– Odair, no me gusta nada lo que le está pasando a Ulises. Mira lo entumecido que está.

– ¡Es verdad! – Confirmó el malhechor –. Deben estar tratando de llevarlo a ese Centro Espírita, donde intentan salvar a Juliano.

– ¡Miserable! – Gritó Adamastor, gesticulando nerviosamente –. ¡No podemos permitir que esto suceda! Es muy peligroso...

– Pero, camarada, usted sabe que es prácticamente imposible evitar que sucedan tales cosas. Estas personas santurronas tienen mucho poder cuando se trata del cuidado fraternal.

– ¡Odair, necesito tu ayuda, compañero!

– ¿Qué quieres que haga?

– Lo que sea, siempre que impidas que Ulises vaya a ese lugar. Es muy ingenuo, va a terminar dejándose convencer por esos miserables, engreídos asesores...

– ¡Lo siento, Adamastor! Sabes que te tengo mucho respeto, pero no tengo la menor disposición para enfrentar a esa gente. Lo que podemos hacer es esperar que sus esfuerzos sean infructuosos.

113

- ¿Qué? ¿Tienes miedo, Odair?

- Yo no diría miedo, ¡sino cuidado! Después de todo, he visto a muchos compañeros dejarse llevar por los argumentos empalagosos de esa gente y, cuando menos se lo esperaba, ¡adiós libertad! Lo que ofrecen puede estar muy bien para los que les gusta la tranquilidad, pero no para mí. Prefiero esta vida llena de aventuras y me aburre la gente agradable.

- ¿Significa eso que no puedo contar con tu ayuda?

- ¡Lo siento, amigo! Pero no me siento preparado para enfrentarme a un equipo fuerte como ese, en un ambiente tan favorable para ellos.

Adamastor estaba furioso y trató de convencer a Odair a toda costa, pero no tuvo éxito. El hipnotizador desapareció como por arte de magia, dejando claro que continuaría su deambular por las regiones bajas del Umbral, cumpliendo su desafortunada misión de vengador de la causa de los demás.

24.- Sesión mediúmnica

"Hombres débiles, que percibís las sombras de vuestras inteligencias, no aleguéis la antorcha que la misericordia divina pone en vuestras manos para iluminar vuestro camino y conduciros, hijos perdidos, a los brazos de vuestro Padre."

El Evangelio según el Espiritismo – Capítulo VI; artículo 5.

En una de las sesiones de Juliano, Noroña fue informado que los obsesores posiblemente estarían presentes en el trabajo de esa noche. Después de haber atendido al prometido de Flora y haberlo despedido, el director de la Casa se reunió con el equipo de médiums y comenzó a atender a los desencarnados.

Fue así como, utilizando el dispositivo físico de uno de los médiums de incorporación, Ulises se manifestó, preguntando con voz adormilada:

– ¿Qué es este lugar? ¿Quién me trajo aquí?

– Estás entre amigos – respondió Noroña –. Estás entre personas que quieren ayudarte. No te preocupes...

– ¿Ayudarme? Pero no le pedí ayuda a nadie – respondió el espíritu, atónito.

Ifigenia, que estaba presente, y que hasta entonces había seguido el diálogo a cierta distancia, se acercó al asesor y, haciéndolo partícipe de su campo mental, se dirigió al espíritu comunicador:

– ¿Mi joven, por qué estás tan enojado? Todos aquí tienen la noble intención de ayudarte.

Ulises pareció calmarse por unos segundos. Luego, como si hubiera despertado de un trance, comentó:

- Oh, ¿entonces eres tú otra vez? ¿La que dijo ser considerada conmigo, pero mintió, tratando de proteger al miserable que me asesinó?

- ¡Sí! Soy yo, Ifigenia. Sigo diciendo que te tengo mucho cariño y nunca mentí.

- Mentiste, ¡sí! – Gritó el espíritu enfermo –. Si no hubiera sido por Adamastor, tú y esos tipos guapos me habrían arrestado. Adamastor, sí, es mi amigo. Me llevó a su pueblo; me cuidó; me guio y me está ayudando a destruir ese gusano que arruinó mi vida...

Ifigenia instruyó mentalmente a Noroña para que aplicara un pase tranquilizador a Ulises, lo que se hizo de inmediato.

Al recibir las energías saludables en su dolorida cabeza, el muchacho se sobresaltó.

- ¿Qué me estás haciendo? ¿Otro de esos trucos, para engañarme? ¡Yo no quiero! ¡Yo no quiero!

- ¡Tranquilo, muchacho! – Pidió Ifigenia, viéndolo retorcerse en el cuerpo de la médium.

- ¡Adamastor! ¡Adamastor! ¡Ven a ayudarme! – Rogó Ulises, mientras forcejeaba, tratando de salir del lugar.

Inmediatamente, apareció otro médium y Adamastor, a través de él, dijo con voz oprimida, con tono de odio:

- ¿Qué estás haciendo con mi chico? ¡Suéltalo ahora!

Bajo la guía de Ifigenia, Noroña se acercó a la médium que le había dado pasividad a Adamastor.

- ¡Bienvenido, amigo, en el nombre de Jesús!

- ¡Bienvenido cualquier cosa! Exijo que liberen a mi hijo y a mí también. Queremos salir de aquí.

- ¡Calma! – dijo el director de la obra, bajo la acción benéfica de Ifigenia. – Primero, aclaremos algunas verdades.

- ¡No hay nada que aclarar!

- ¡Las hay, mi hermano! Ahora vas a contarle a Ulises qué pasó exactamente aquella noche lejana en que invadieron la casa del Coronel Lemos, con la intención de robarle.

En ese momento, Ulises , que estaba en silencio, habló de nuevo:

- ¡No es necesario! Ya me contó todo... - A pesar del nerviosismo del momento, Ifigenia trató de mantener el equilibrio.

- Querido, por favor trata de recordar lo que pasó esa noche. Enfócate en los detalles...

- Ya me acordé. Irrumpimos en la casa del Coronel y tomamos lo que nos pertenecía. Es decir, el pago por nuestro trabajo que ese avaro se negó a pagar.

- Sí. ¿Y después?

- Luego atamos, amordazamos al Coronel y lo metimos debajo de su propia cama, para ganar tiempo para escapar.

- Pero, no terminó ahí. ¿Qué más hiciste?

- ¡Basta! No quiero hablar de ello.

- ¿No quieres o no te acuerdas?

En ese momento, Adamastor intervino:

- ¡Deja a mi hijo en paz! No lo aburras con estos recuerdos del pasado. ¿Y tú cómo actúas? ¿Y a qué llamas caridad? ¿Obligar a una pobre criatura a recordar lo que no quiere?

- ¡Todo en nombre de la verdad, Adamastor! ¿O crees que estás por encima del bien y del mal? - Afirmó Ifigenia.

Y prosiguió el diálogo con Ulises:

- Y entonces, ¿pudiste recordar lo que pasó?

- ¡No! Pero sé que maté a la hija del Coronel porque me traicionó. Prefirió quedarse con esa víbora que se hacía llamar mi hermano. ¿Estás satisfecha ahora?

- ¿Cómo sabes que la mataste? Adamastor me contó todo...

- En el nombre de Jesús, aclaremos esta historia de una vez por todas. Primero, esa chica no te engañó. Lo que ella le dedicó fue solo simpatía. Eres tú quien confundió todo, pensando que estabas siendo correspondido en tus sentimientos. Así que no hubo traición; lo que sentía por su hermano era diferente. ¡Ella te amaba!

– ¡Basta! – Suplicó Ulises con impaciencia –. No quiero escuchar más.

– Pero, ¡todavía no hemos aclarado todo! La parte más importante, no lo sabes.

– ¡Detén esta charla! – Gritó Adamastor . Déjanos ir.

– ¡Después! – Insistió Ifigenia –. En principio, la verdad. Entonces, si quieres, puedes irte.

Se volvió de nuevo hacia la médium que le daba pasividad a Ulises y prosiguió:

– Joven, tú no puedes recordar el asesinato de la hija del Coronel Lemos por una razón muy simple: tú no la mataste. Esfuérzate un poco y trata de recordar los detalles.

25.- Revelación

"Que la impiedad, la mentira, el error, la incredulidad sean eliminadas de vuestras almas dolientes. Estos son los monstruos que chupan vuestra sangre purísima, y que hacen heridas casi siempre mortales. ¡Qué porvenir, humildes y sumisos al Creador, practicad su ley divina! "

El Evangelio según el Espiritismo – Cap. VI; artículo 7.

Mostrando gran sorpresa, el espíritu guardó silencio. Trató de recordar las escenas de esa noche remota, mientras Ifigenia las narraba:

– Mira el momento en que tú y Adamastor salen de la habitación del Coronel. Quieres marcharte, pero tu compañero de desgracias te tira del brazo y te insta a invadir las habitaciones de la chica. Eres reacio, dices que no te importa la venganza; insiste en irse. Adamastor te llama "holgazán", te dice que lo esperes en el balcón, diciendo que olvidó algo en la habitación del Coronel. Mientras lo esperas, él invade la habitación de la chica y, antes que ella se despierte, la estrangula sin piedad. Luego va a tu encuentro como si nada hubiera pasado y finalmente se van.

– ¡Miserable! – Gruñó Adamastor –. ¿Estás tratando de jugar con la cabeza de mi hijo?

– ¡No mi hermano! Solo estamos tratando de aclarar hechos que son demasiado relevantes para ser encubiertos – respondió Ifigenia.

Luego, volviéndose hacia Ulises, añadió:

- ¿Entiendes ahora por qué no puedes recordar el asesinato de la hija del Coronel? Solo te enteraste del crimen después que la noticia se difundiera por la región.

- Es cierto... - tartamudeó el espíritu -. Ahora estoy recordando. Cuando nos arrestaron, Adamastor me acusó... - Ulises estaba tan indignado que no pudo terminar la frase.

- ¡Sí! - Intervino Ifigenia -. Este pobre desgraciado que se comporta como tu protector y que nos llama mentirosos te ha echado la culpa del crimen que él ha cometido. Cuando te arrestaron, dijo que solo había participado en el robo y te acusó de haber asesinado a la joven.

* * *

Un pesado silencio cayó sobre la pequeña sala de reuniones mediúmnicas. Adamastor quizás contenido por la experiencia del medio a través del cual se manifestó, no dijo nada más.

De repente, el silencio fue roto por profundos sollozos. Ulises estaba llorando.

- ¿Recuerdas ahora? - Preguntó Ifigenia -. Mientras estaban en prisión, le suplicaste a Adamastor que dijera la verdad, porque si admitía que él era el único responsable de la muerte de la joven, podrías ser liberado. Pero no aceptó. Dijo que eran compañeros inseparables y que debían estar juntos en todo momento. Fuiste torturado hasta la muerte porque el asesinato de la hija del Coronel causó gran indignación entre la policía, que decidió, arbitrariamente, aplicarte la pena capital. Como no pudieron llegar a una conclusión sobre cuál de ustedes fue el asesino, decidieron castigarlos a ambos.

- ¡Sí! Ahora me acuerdo de todo - confirmó Ulises, con un hilo en la voz -. Oh, estoy tan cansado...

- ¿Te gustaría ser ayudado por estos compañeros, para ser atendido en un hospital? - Preguntó Ifigenia.

- No sé...

– ¿No quieres deshacerte de ese dolor de cabeza de una vez por todas?

– Sería muy bueno...

– Así que solo di que aceptas ayuda.

– ¿Cómo sé si puedo confiar en ti?

En ese momento, Ifigenia, aun conectada al cuerpo físico de Noroña, se acercó a Ulises, lo envolvió cariñosamente y le preguntó:

– ¡Mírame, hijo mío! Haz un esfuerzo, trata de cambiar tu estado de ánimo, enfocándote en cosas positivas. Piensa en Dios y trata de mirarme sin pena ni aflicción.

Después de un breve silencio, Ulises gimió:

– ¡Ah, claro! Estoy recordando... Fuiste mi madre...

– ¡Sí, mi hijo! En esa experiencia de encarnación fui tu madre y la de Juliano. Desafortunadamente, Adamastor, quien era mi esposo y tu padre, no me permitió criarlo de la manera que pretendía. Tuvo una verdadera fijación en ti, que eras el primogénito, y te condujo por el camino de la perdición. Por la inflexibilidad de tus padres, me vi impedido de transmitirte los preceptos del amor y de la fe que siempre deben guiar la existencia de todos nosotros. Fracasé como madre en esa encarnación, ¡pero ahora te pido que me des otra oportunidad! ¡Déjame cuidarte!

– ¡Está bien! Te pido que me saques de aquí... Que me cuides... ¡Por favor! – Dijo el muchacho, llorando mucho.

Ulises fue acomodado en la camilla y rescatado por enfermeras espirituales. Ifigenia, desconectándose del aparato físico de Noroña, agradeció al líder de la Casa Espírita y siguió con el grupo.

26.- Ilusionismo

"Siento pena por vuestras miserias, por vuestras inmensas debilidades, para no tender una mano segura a los desdichados descarriados que, viendo el Cielo, caen en el abismo del error. Creed, amad, meditad las cosas que os son reveladas... la paja al buen grano, las utopías, es decir, las mentiras ilusorias, con las verdades."

El Evangelio según el Espiritismo – Capítulo VI, punto 5.

Después que Ulises fue rescatado, otro equipo espiritual tomó parte en ese trabajo. Solo el médium que le había dado incorporado a Adamastor permaneció en trance y permitió que el obsesor se manifestara:

– Y ahora, ¿estás satisfecho? ¿Puedo irme? ¡Me lo prometiste!

– Está bien, mi hermano. Pero, ¿a dónde vas? – Preguntó Noroña, asumiendo, por sus propias facultades, el papel de asesor.

– ¡A la aldea de la que soy guardián, por qué!

– ¿No crees que ha llegado el momento de dejar las ilusiones y afrontar la realidad? Lo que llamas un pueblo es realmente un caos de la peor calidad, y no eres guardián en absoluto; eres solo un pobre cuidador, que ha sufrido todo tipo de privaciones allí.

– ¡Tengo todo lo que necesito! – Respondió la entidad.

– Para aquellos que se contentan con tan poco, puede ser – Noroña intervino –. ¡Tu vida en ese lugar no es muy diferente a la existencia de un gusano que se arrastra en el barro, hermano mío!

No hay la menor dignidad en las cosas que haces; no hay consuelo; no hay descanso; no hay nada...

- ¡Ya te dije que tengo todo lo que necesito!

- Quizá debería fijarse mejor en lo que considera tan bueno - Noroña se acercó a la médium, extendió su mano sobre su frente y le preguntó a la entidad:

- ¡Vamos, compañero! Libérate de ese ilusionismo que te ha vendado los ojos a la realidad y observa lo que está pasando en ese lugar.

Adamastor observó. Allí estaba el pueblo, con sus pequeñas chozas hundidas en la sombra. De repente, empezó a hacer mucho viento; una de las antorchas se desprendió de la estaca que la sostenía y, sin que la llama se apagara, cayó sobre una de las chozas.

Pronto, el fuego comenzó a devorar la cabina. Debido a la proximidad, a los pocos edificios, las llamas iban pasando de uno a otro y, en muy poco tiempo, solo quedaba un montón de cenizas rodeando el oscuro patio.

El viento se intensificó y todo lo que había allí se lo llevó el viento. El pueblo se convirtió en un punto ennegrecido, perdido en la oscuridad abismal de esa región.

Después de presenciar la destrucción de la aldea, Adamastor gimió disgustado:

- ¡Oh, oh, brujas! Destruiste mi refugio...

- ¿Ves ahora lo frágil e ilusoria que era tu "fortaleza"? - Preguntó Noroña.

Pero Adamastor no parecía haberlo escuchado, tal era su preocupación.

- ¿Dónde viviré ahora? ¿Cómo pude haber sido tan negligente en mi tutela?

- ¿Guardián? - Preguntó Noroña, compadeciéndose del estado caótico del interlocutor. - ¡¿Aun no entiendes que las máscaras se están cayendo, hermano mío?! Haz un autoanálisis. ¿De verdad crees que puedes ser guardián de algo?

El espíritu guardó silencio por unos momentos, mirándose a sí mismo, como si estuviera frente a un espejo. Luego se elogió a sí mismo:

- ¡No! ¡Ese no soy yo! Yo no soy así... Yo no soy esta criatura deforme, con esta carne podrida; estos huesos expuestos; estas heridas purulentas y fétidas... Es cierto que llevo algunas marcas del pasado, que procuro conservar para mantener vivo mi odio, pero lo tengo todo bajo control.

- Desafortunadamente, ¡no es así! El camino que decidiste tomar te destruyó sin que te dieras cuenta, mientras buscabas refugio en un mundo ilusorio que te llevó a creer en un poder que nunca tuviste. La única fortaleza que verdaderamente existe es la que construimos en nuestra alma, a través de las buenas obras, la comprensión, el amor y el perdón. Las obras construidas por el odio son perecederas, porque el amor es la única fuerza creadora que sobrevive a todo.

- ¡No es nada de eso! Estás tratando de engañarme...

- ¡Esta es la verdad, mi hermano! La imagen que proyectaste de ti mismo no tiene nada que ver con la realidad. No eres el héroe fuerte e intrépido que crees que eres. Te convertiste en una criatura infeliz, debilitada, corroída por el dolor, aprisionada por el orgullo y la vanidad, incapaz de amar y perdonar.

- ¡Ay! ¡Ay! ¡Ay! - Adamastor volvió a gemir -. ¿Qué está pasando? Tengo un dolor terrible e insoportable.

- ¡Necesitas ayuda, hermano mío!

- ¡Pero yo no quiero! Yo puedo apañármelas solo.

- ¿Está seguro? Estamos aquí para ayudarte si quieres.

- No lo quiero, y aunque lo quisiera... no lo merezco.

- Todos necesitamos ayuda y la merecemos, siempre y cuando la pidamos sinceramente. Vamos, deja esa terquedad a un lado. Frena en tu corazón esta rebelión, este orgullo inútil y acepta el apoyo de aquellos que quieren ayudarte, con gracia.

- No quiero

- ¡Lo quieres, sí!

- Yo no puedo...

- ¡Si puedes!

- Yo no...

- ¡Acepta, hermano mío! No desperdicies la oportunidad que te está dando la misericordia divina.

Siguió un profundo silencio, al final del cual Adamastor asintió con voz cansada:

- ¡Está bien, acepto! Pero no prometo que me quedaré donde me lleven. Acepto ayuda porque ya no aguanto más este dolor tan horrible...

- ¡Calma! Estos hermanos cuidarán de ti. Te están dando un medicamento anestésico. El dolor pasará.

- ¡Ay, qué alivio! - Gimió el espíritu, con voz temblorosa, después de unos segundos de silencio -. ¡Gracias por esto!

- ¡Gracias a Dios, mi hermano! ¡Ahora vete en paz!

Mientras Adamastor era rescatado por los rescatistas, el líder de la Casa Espírita oraba:

- ¡Dios de misericordia! Acoge a este infeliz hijo tuyo, que se ha perdido, comprometiéndose al mal, pero que en ese momento ruega ayuda. Espíritus bienhechores, dígnense en recibirlo como a un hijo pródigo que da sus primeros pasos de regreso a la casa de su padre. Que este breve momento de reflexión sea fructífero, para que nuestro compañero revise sus acciones y redirija sus metas de vida hacia el bien. ¡Que así sea! ¡Gracias a Dios!

CUARTA PARTE

27.- La invitación

"Así, el Espiritismo realiza lo que Jesús dijo sobre el Consolador prometido: el conocimiento de las cosas, que hace saber al hombre de dónde viene, a dónde va y para qué está en la Tierra; el recuerdo de los verdaderos principios de la Ley de Dios y el consuelo por la fe y la esperanza."

El Evangelio según el Espiritismo – Capítulo IV; artículo 4.

Liberado de la persecución de los obsesores, Juliano inició un lento proceso de curación. Poco a poco, las energías impuras que contaminaban su periespíritu y que se manifestaban en el cuerpo físico comenzaron a disiparse. En las semanas posteriores al rescate de Ulises y Adamastor, sus condiciones físicas comenzaron a mostrar un panorama más positivo.

Animado por Flora, que estaba profundamente interesada en los estudios de la Doctrina Espírita, Juliano también empezó a leer los libros de la codificación y quedó impresionado con tanta información sobre la vida después de la muerte.

- Si tenemos en cuenta lo que está escrito en estos libros, tendremos que admitir que la muerte no existe. Que los seres queridos cuyos cuerpos custodiamos y sepultamos sigan viviendo en el plano espiritual en actividades constructivas o destructivas, según el nivel moral de cada uno, pero tan dinámicas como las que jugaron entre nosotros- comentó, luego de la lectura atenta del capítulo IV, de *El Evangelio según el Espiritismo*, cuyo título es: "Nadie puede ver el reino de Dios a menos que nazca de nuevo."

- Exactamente - respondió la joven -. El Espiritismo, usando las propias palabras de Jesús, descarta la idea que los muertos duermen un sueño profundo, esperando el día del juicio, cuando se decidirá la suerte de cada uno. En efecto, según esta Doctrina, el hombre transita en ambos planos, ejerciendo incesantemente su progreso moral. La reencarnación es la oportunidad de poner en práctica los aprendizajes adquiridos a lo largo de la existencia. Es la fase en la que pasará por pruebas y podrá trabajar por su propia evolución, interactuando con sus pares, en busca de nuevos aprendizajes y, principalmente, de reconciliación con los adversarios conquistados durante estas experiencias.

– Es un pensamiento muy intrigante...

– Sin embargo, es claro, porque explica muchas cosas que el conocimiento humano no puede lograr. Como, por ejemplo, la persecución de los enemigos invisibles, ya que en el plano espiritual hay muchos espíritus vengativos, afectando la vida de los que están encarnados, tratando de frenar la escalada de los que se esfuerzan por mejorar.

Juliano respiró hondo, mirando a los ojos de Flora.

– Como me está pasando a mí, ¿no? ¿De verdad crees que Ulises está detrás de esta extraña enfermedad?

– No sé si necesariamente, como explicó el señor Noroña. Pero podría ser alguien que piensa que tiene motivos para odiarte y que de alguna manera ha decidido soportar el dolor de Ulises. Después de todo, ¿cómo explicar la manifestación de una enfermedad tan grave, sin que esos modernos equipos puedan detectar la causa?

Así, continuaron estudiando y discutiendo los preceptos del Espiritismo, ya que, por la enfermedad de Juliano, los dos tenían tiempo de sobra para discutir el asunto.

A Flora, con su formación pedagógica, le resultó muy fácil absorber las enseñanzas allí formuladas; principalmente las disertaciones de Kardec, detallando la información transmitida por los espíritus.

Con el paso del tiempo, Juliano se deshizo lentamente de la extraña enfermedad y sintió que sus fuerzas se revitalizaban. La impresión que tuvo fue que comenzaba a vislumbrar el prometedor sol de la mañana sugerido por la novia, tiempo atrás. Era como si estuviera ahora bajo la luz de un resplandeciente amanecer, que poco a poco le iba devolviendo la vivacidad a sus ojos, la fuerza física y la voluntad para sobreponerse a ese mal momento. Volvió a comer normalmente y pronto abandonó la silla de ruedas.

Una de las veces que regresó al Centro Espírita, a los pocos meses de iniciado el tratamiento, Juliano era una persona muy distinta a la que estuvo el primer día demostrado optimismo y se preocupó de dar un gran abrazo de agradecimiento a ese médium caritativo que tanto había trabajado para ayudarlo.

– Muchas gracias, señor Noroña, por todo lo que has hecho por mí – dijo emocionado.

Y Noroña, sonriendo y señalando hacia arriba, respondió:

¡Gracias a Dios, hijo mío! Él es en gran parte responsable de su recuperación. De ahora en adelante, para seguir mereciendo la bendición divina, dad vuestra retribución.

Quiero corresponder, pero ¿qué se supone que debo hacer exactamente?

Responderé con las mismas palabras de nuestro Maestro Jesús: "Ama a Dios sobre todas las cosas y ama a tu prójimo como a ti mismo."

Juliano sonrió, mientras Noroña lo enfrentaba, colocando ambas manos sobre sus hombros.

Para estar cerca de Dios, no basta no hacer el mal; ¡Debes hacer el bien, joven! Vivimos en un planeta de expiación y hay mucho trabajo esperando a que los hombres de buena voluntad se arremanguen y lo hagan. Estén atentos, ya que tengo la impresión que pronto recibirán la invitación.

Después del cálido recibimiento, Juliano, llevado al tratamiento, fue sorprendido por una comunicación espiritual dirigida a él. El mensaje fue transmitido por Ifigenia, que utilizó el dispositivo físico de un médium para manifestarse:

– ¡Juliano, hijo mío! dijo en voz baja. – La persona que os está hablando es una persona que te quiere mucho y que viene, gracias a la benevolencia de nuestro Padre Mayor, a decirte que creas en las cosas que has estudiado, porque representan la más pura verdad. Como en la esfera material, los hombres tienen amigos y enemigos en el plano espiritual. Los amigos ayudan, en la medida de lo posible, y los enemigos atacan siempre que encuentran las condiciones favorables para hacerlo. Estos ataques, por lo general, se dan porque son permitidos por la propia víctima, cuando se aleja de la protección de los buenos espíritus, dejándose llevar por sentimientos inferiores...

Después de una breve pausa, Ifigenia continuó:

– En una experiencia pasada, tú y Ulises se vieron envueltos en un lamentable episodio que generó celos, odio y persecución. Otras personas, que actualmente no se encargan de identificar, también se involucraron en este tema y hoy cumplen el rol que decidieron desempeñar; unos de forma positiva, otros, lamentablemente, de forma equivocada, pero no menos importantes para la evolución de todos. En cualquier caso, es tu papel el que debe tener en cuenta. Desgraciadamente, ya se han cometido graves faltas en esta encarnación y, en algún momento, habrá que corregirlas. Pero la vida sigue. Las oportunidades no se extinguen y tú puedes hacer tu aporte para que sean bien aprovechadas...

Juliano se sintió profundamente conmovido al escuchar aquella voz que venía del más allá; de una persona que no podía ver, pero que lo hacía sentir inmensamente bien...

– Eres joven – continuó Ifigenia –, si sabes comportarte, tendrás un largo camino en esta experiencia de encarnación y, con buena voluntad, podrás subir peldaños importantes en tu ascenso evolutivo. Según los planes trazados, amigos del pasado te han ayudado hasta ahora, dándole la oportunidad de retribuir los beneficios recibidos, mediante el ejercicio del amor al prójimo y la caridad. Procura conectarte mentalmente con estos amigos espirituales que te guían, mantente en constante oración y vigilia, actúa siempre con prudencia y honestidad, haz al prójimo solo lo que quieras para ti y ama incondicionalmente a todos tus hermanos en Cristo...

Dejándose envolver por esa voz suave y amorosa, Juliano no pudo contener más las lágrimas, entregándose al llanto silencioso de la emoción.

– Ya tuve la oportunidad de acunarte en mis brazos, cuando te recibí como hijo en otra encarnación. Doy gracias a Dios todos los días por esta maravillosa experiencia. Te sigo amando, hijo mío, así como a muchos otros compañeros que están de este lado, que han vivido contigo y conocen la pureza y la bondad que habitan en tu corazón. No olvides mis palabras y nunca te rindas ante las dificultades. Recuerda que en ningún momento estarás solo, porque te amamos y siempre estaremos contigo. ¡Vaya con Dios! ¡Quédate en paz!

Indescriptible emoción envolvió al equipo mediúmnico del Centro Espírita de Amor Fraterno, cuando Ifigenia, también emocionada, se despidió.

Antes que Juliano se fuera esa noche, Noroña lo abrazó cariñosamente y le dijo:

– Hijo mío, cualquier cosa que te diga en este momento sería inútil frente al mensaje que te transmitió ese ente amoroso. La invitación está hecha, ahora depende de ti aceptarla o simplemente ignorarla.

La respuesta de Juliano fue una sonrisa franca. Sabía exactamente lo que se suponía que debía hacer.

28.– Embarazo delicado

"Trabajadores, trazad vuestro surco; al día siguiente, retomad la ruda jornada del día anterior. El trabajo de vuestras manos abastece a vuestros cuerpos con pan terreno, pero vuestras almas no son olvidadas. Yo, el divino jardinero, las cultivo en el silencio. de tus pensamientos."

El Evangelio según el Espiritismo – Capítulo VI; artículo 6.

Juliano y Flora continuaron asistiendo al Centro Espírita de Amor Fraterno; ahora, ya no como asistidos, sino como alumnos de los cursos de Espiritismo que allí se aplicaban. Notaron la presencia y el interés de muchos jóvenes por aprender la Doctrina, así como un gran número de niños que vivían alrededor de la institución comandada por Noroña.

Allí, muchos de esos pequeños, provenientes de familias necesitadas, comían, ya que, en un local construido en la parte trasera del Centro Espírita, había una especie de guardería y una cocina comandada por la esposa de Noroña, con la ayuda de unas mujeres voluntarias que se turnaban para cuidar a los niños y alimentar diariamente a decenas de boquitas hambrientas.

La despensa fue suplida por algunos donantes, pero principalmente por el director de la Casa Fraterna. El señor Noroña obró verdaderos milagros con su exiguo salario de jubilación para satisfacer sus necesidades personales y aun así mantener abastecida la despensa de la cocina del Centro Espírita.

Además de los estudios de Doctrina, que los convencieron cada vez más sobre la vida espiritual y la intromisión de los desencarnados en la vida cotidiana de los hombres, Juliano y Flora también quedaron sorprendidos por estos gestos de generosidad y desprendimiento; esa movilización voluntaria, donde los pobres, que podían alegar mil razones para cruzarse de brazos ante las miserias ajenas, hacían exactamente lo contrario, apoyando con alegría a sus semejantes.

A pesar de tener buen carácter, los dos jóvenes aun no se habían dado cuenta de la importancia de practicar la caridad. Hasta entonces habían vivido para sí mismos, para su felicidad, para su futuro, indiferentes al sufrimiento de los demás; a las necesidades de los que viven al margen de la sociedad, llevando cargas morales muy pesadas. No se les había ocurrido que la práctica de la caridad, además de ayudar a los hermanos en el sufrimiento, funciona como un poderoso antídoto para la mayoría de los males que envuelven a la humanidad.

También estaba en el Centro Espírita un grupo de mujeres dedicadas a confeccionar canastillas para bebés de madres necesitadas. Se reunían dos días a la semana y, con materias primas donadas o recaudadas por ellas mismas, confeccionaban ropa, pañales, zapatos, gorros, calcetines, guantes... y entregaban estas canastillas a las embarazadas poco antes del niño nacer.

Cada vez más involucrados con las actividades del Centro Espírita, Juliano y Flora pronto se vieron insertos en esa nueva realidad. El muchacho, al darse cuenta de las constantes necesidades materiales de la institución, comenzó a contribuir económicamente a la causa, lo que no le costó mucho, ya que su industria de muebles seguía creciendo.

Sin embargo, más que eso, Juliano también notó que los edificios destinados al servicio público eran muy precarios. Así, solicitó y fue autorizado para realizar varias obras de ampliación en el Centro. Llevó madera y herramientas allí y, con la ayuda de otros voluntarios, comenzó a ocuparse del mantenimiento del edificio. Flora, llena de amor por esos niños, pidió permiso al señor

Noroña y recibió autorización para introducir un curso de canto coral, que comenzó a impartirse los Domingo por la mañana.

Llevó un piano a la institución y, en poco tiempo, vio emerger el don musical que dormía en muchas de aquellas almas; llamando con una nueva perspectiva de la vida; rescatando en aquellas mentes aun infantiles, la autoestima de espíritus dotados, encarnados en tan adversas condiciones.

Supervisando todo discretamente, Noroña sonreía interiormente, asegurándose que ambos habían aceptado la importante invitación a la transformación íntima, sin la cual el beneficio de la curación sería inútil.

✳ ✳ ✳

Casi un año después de haber iniciado sus estudios y trabajos en el Centro Espírita, la joven pareja conoció, entre las futuras madres necesitadas, a una joven que se llamaba Sueli, pero a quien popularmente se refería como Lili. Era una joven mulata de 19 años, que padecía una extraña enfermedad mental, ciertamente aliada a algún proceso de obsesión espiritual.

Su cuadro clínico era intrigante, pues alternaba períodos de plena lucidez con otros en los que sufría una especie de desmayo mental. Durante estas crisis, salió de casa, donde vivía con su madre, también mentalmente perturbada, y deambuló sin rumbo fijo por las calles de la ciudad, mendigando, bebiendo, fumando y durmiendo en compañía de caminantes. Después regresaba sin recordar nada, asustada y confundida, repudiando cualquier tipo de adicción.

Durante una de esas crisis, que duró casi un mes, Lili llegó a casa sintiéndose muy extraña. Empezó a tener náuseas y notó la ausencia del ciclo menstrual.

– ¿De quién te embarazaste, irresponsable? – Gritó la madre, amenazando con pegarle, al darse cuenta del embarazo de su hija.

Pero Lili no tenía idea. Había pasado casi un mes en un estado de semiinconsciencia, había vagado por muchos lugares, se había involucrado con mucha gente y apenas podía recordar los hechos. El proyecto inicial fue el aborto. La madre de la niña utilizó todos los recursos domésticos que sabía para intentar expulsar del vientre de la hija el invitado intruso, pero todo fue en vano. Parecía que las bebidas, hechas de hierbas abortivas, en lugar de dañar, fortalecían aun más al feto no deseado.

Con el paso del tiempo, al ver la delgada barriga de Lili cada vez más abultada, la anciana terminó por resignarse y dejar solo al feto.

– Ya que este terco no quiere soltarse de ahí, ¡que nazca! – Sacramentado –. Ya veremos qué haces con él más tarde.

Sin embargo, orientó a la niña a buscar refugio en el Centro del señor Noroña, ya que ella misma había recibido ayuda del equipo de benefactores de la Casa, cuando, hacía dos décadas, había quedado embarazada en circunstancias muy similares a las de su hija.

El caso de Lili fue solo uno de tantos episodios tristes que llegaron al Centro Espírita. Pero ese drama despertó especialmente los sentimientos de Flora. Pensó en su cómoda situación: pronto se casaría con el hombre que amaba; la casa grande y cómoda estaba lista y amueblada para recibirlos; tanto ella como su futuro marido tenían actividades profesionales que les ofrecían una relativa tranquilidad económica... En definitiva, en su caso todo estaba a su favor, mientras que en el caso de Lili todo conspiraba en su contra.

Un día, Flora se acercó a la joven embarazada y entablaron una delicada conversación. Preparada para escuchar todo tipo de lamentos, la sorprendió un contagioso buen humor y alegría.

Estoy muy feliz de estar esperando a este pequeño bebé – aseguró Lili, acariciando su redondeado vientre, mientras sus ojos negros proyectaban un brillo muy especial –. Estoy aliviada que mamá no haya podido lograr que aborte.

Flora, sorprendida por esa reacción, preguntó:

– Pero, ¿no te preocupa el futuro de ese niño?

– ¡No! Todos los días nacen niños pobres en el mundo. ¡Si Dios lo deja nacer, es porque lo necesita!

La ingenua respuesta de Lili volvió a sorprender a Flora. Lo que estaba diciendo, quizás inconscientemente, tenía todo que ver con la ley de la reencarnación. Ahora bien, hay espíritus cuyas deudas morales requieren pruebas muy duras para su propia evolución. Si todos nacieran en circunstancias favorables, ¿cómo se darían estas expiaciones? Las mujeres que quedan embarazadas en condiciones vejatorias, como en el caso de aquella joven, ¿no estarían también expiando viejas faltas? Pensar que estos eventos son injustos o casuales sería cuestionar la bondad y sabiduría del Creador.

Flora estaba pensando en estas cosas, comprobando en la práctica las explicaciones contenidas en los libros de codificación, cuando Lili, sonriendo, preguntó:

– ¿Quieres ver cómo se mueve este animalito?

Y antes de obtener una respuesta, tomó la mano de Flora, la colocó sobre su vientre y la miró fijamente con sus ojitos brillantes. Flora guardó silencio, sintiendo en su palma el débil pulso de la vida que había allí. Quería decir algo, pero temía que el sonido de su voz pudiera romper la deliciosa magia de ese momento.

Desde ese día en adelante, se volvió mucho más cercana a Lili. Ella le dio algo de ropa y obsequió al futuro bebé con una hermosa cuna y un tocador, hechos en compañía de Juliano.

Encantada con sus nuevos amigos, Lili les hizo prometer que serían los padrinos del niño. Juliano y Flora aceptaron de inmediato. Algo les decía que ese sería el primero de muchos ahijados que tendrían a lo largo de su vida.

29.- Actitud de amor

"El Espíritu debe ser cultivado como un campo. Toda riqueza futura depende del trabajo presente. Y más que los bienes terrenales, os llevará a la gloriosa elevación."

El Evangelio según el Espiritismo – Capítulo XI; artículo 8.

La boda, celebrada un domingo por la mañana, fue una ceremonia sencilla para pocos invitados. Luego del almuerzo, ofrecido solo a padrinos y familiares, los novios viajaron para una luna de miel de diez días en la costa de Ceará.

Fue un tiempo maravilloso para ambos. Solos, lejos de sus obligaciones diarias, se hospedaron en un hotel junto al mar y pudieron comprobar la extraordinaria fuerza de ese amor que los unía cada vez más. Estaban seguros que este no era un sentimiento común; algo que el tiempo podría debilitar. Fue un amor puro y verdadero, basado en la sólida base del respeto mutuo y la afinidad.

En una de las noches que durmió en el hotel, Flora volvió a encontrarse con Ifigenia, en sueños. Al darse cuenta que se había proyectado del cuerpo físico y que estaba caminando con ella por la playa, escuchó la siguiente recomendación:

– Flora, tu matrimonio con Juliano es el resultado de un justo reclamo por esta experiencia de encarnación. Además de permitir la felicidad de la convivencia que les fue negada en la encarnación anterior, servirá también para acercar a los espíritus antipáticos, dentro de las relaciones afectivas de la familia. Ten cuidado, porque con el noble sentimiento de la compasión combinado con la buena voluntad de practicar la caridad, tú y tu esposo pueden iniciar un importante paso hacia la reconciliación de los antiguos adversarios. El amor, que es, según Jesucristo, el principio de la caridad, es también la medicina más poderosa para la curación de todos los males.

- Entiendo bien lo que dices, pero ¿cómo sabré cuándo actuar? ¿Y cómo puedo estar seguro que estoy haciendo lo correcto?

- ¡Pon siempre amor en tus acciones! Siempre que tengas dudas, pregunta a tu corazón qué es lo más correcto y sigue la guía que te llegue, porque la intuición que tienes será la voz de tu ángel de la guarda hablando a tus oídos.

- ¡Intentaré seguir tus consejos! - Exclamó Flora. - Pero, ¿seremos capaces de cumplir con una tarea tan delicada?

- Dios manda el frío, según la manta. ¿No es eso lo que dice el viejo y consistente dicho? Confía en la providencia divina y cree también en la capacidad de amar que tú y tu esposo tienen y que va aumentando cada vez más, por las nuevas enseñanzas que han ido buscando y los ejemplos de caridad que han testimoniado con sus nuevos amigos.

✳ ✳ ✳

Al día siguiente, Flora se despertó emocionada y, aun en la cama, abrazada a su esposo, narró la experiencia que vivió esa noche. Luego del relato de su esposa, Juliano la envolvió con ternura y le dijo:

- ¡Siento que estamos preparados para lo que venga y se vaya, mi amor! Unidos por el sentimiento que nos dedicamos unos a otros y, bajo la guía de nuestros protectores espirituales, ¡no hay razón para temer el fracaso!

Y permanecieron largo rato abrazados, sintiendo el olor del mar, que, llevado por una suave brisa matinal, invadía su habitación, mientras las olas, al avanzar sobre la arena, provocaban un ruido cadencioso que se mezclaba con el canto festivo de un batallón de soldados gaviotas.

Un momento muy especial que se mantendría vivo en tus recuerdos por el resto de tu vida.

Apenas regresaron de su luna de miel, Juliano y Flora, que ya vivían en la nueva casa, fueron a visitar a doña Francisca. La viuda los recibió entre lágrimas, quejándose que casi se muere por extrañar a su hija. Después de todo, las dos nunca habían estado separadas por tanto tiempo. Posteriormente estuvieron en el Centro Espírita, donde fueron recibidos con gran alegría por todos los presentes.

Pero les esperaba una triste noticia: Lili llevaba dos días internada en un delicado estado de salud. Había dado a luz a un niño, pero había sufrido una complicación grave durante el parto.

La pareja acudió de inmediato al hospital, dispuestos a hacer todo lo posible por ayudar a su amigo, pero el médico que los atendió fue categórico:

– Desafortunadamente, es un caso perdido. Fue un parto muy complicado y perdió mucha sangre. Como su organismo ya estaba muy débil, el cuadro empeoró mucho. Hicimos todo lo que estuvo a nuestro alcance, pero la verdad es que se está muriendo.

– ¿Podemos verla? – Preguntó Flora con voz angustiada.

– Sí. Pero, por si acaso, lo mejor es ir solo uno a la vez.

Abatido, Juliano se sentó en un sillón y le indicó a su esposa que acompañara al médico.

Flora entró en la habitación, que estaba envuelta en sombras suaves. Lili, muy pálida, estaba entumecida por las drogas que, insertadas a través de sondas y agujas clavadas en sus venas, aliviaban su dolor.

Se acercó y acarició suavemente el rostro de la enferma que, con gran esfuerzo, entreabrió los ojos y tartamudeó, con voz muy débil:

– Flora... Bien... Solo estaba esperando a que llegaras...

- ¡Pssh! – Dijo la otra, llevándose el dedo índice a los labios. – No hace falta que digas nada...

- Lo necesito... Quiero que me prometas que lo harás... Cuida a mi hijo... Es hermoso... Su nombre es... Guillermo...

Mientras hablaba, la voz de Lili se hizo más débil, como si se estuviera distanciando de su entorno. Flora se dio cuenta que su amiga se estaba muriendo y tuvo que hacer un esfuerzo sobrehumano para contener las lágrimas que amenazaban con estallar. Forzó una sonrisa, que se abrió temblorosa.

- ¡Ánimo, Lily! Vas a estar bien...

- Solo prométemelo... Por favor... - suplicó la chica, tomando la mano de Flora con los últimos jirones de energía que le quedaban. La esposa de Juliano no pudo contener más el llanto y fue entre lágrimas que dijo:

- ¡Está bien, Lily! Te prometo que me ocuparé de Guillermo... Ya que no puedes quedarte entre nosotros, ¡vete en paz! ¡Déjame cuidar a tu hijo con el mismo amor que tú!

- Gracias mi amiga...

Fue la última frase de Lili, antes que sus ojos perdieran por completo el brillo y su cabeza cayera hacia un lado, demostrando que ya no había vida para animar ese cuerpo tan maltratado por las miserias del mundo.

El espíritu Sueli acababa de concluir la penosa tarea a la que se había visto sometido en aquella corta encarnación. Fue libre para emprender el vuelo, alcanzando las esferas espirituales, donde la vida sigue ofreciendo alegrías, tristezas, aprendizaje y trabajo.

30.- La elección

"El amor resume toda la doctrina de Jesús, porque es el sentimiento por excelencia, y los sentimientos son los instintos elevados a la altura del progreso realizado"

El Evangelio según el Espiritismo – Capítulo XI; artículo 8.

Mientras las enfermeras preparaban el cuerpo de Lili para el velatorio, Flora y Juliano, muy conmocionados, fueron llevados a la guardería, donde el recién nacido dormía profundamente.

Antes de entrar, el médico les advirtió:

– Será mejor que estén bien preparado para ver una escena muy impactante.

Flora lo miró con curiosidad.

– ¿Qué es, doctora? ¿El bebé no es saludable? Lili me dijo que es un chico hermoso...

– Ella ni siquiera lo vio – dijo el médico, sacudiendo la cabeza.

– ¿No conocía a tu propio hijo? Pero, ¿por qué? – preguntó Juliano.

– Para que no estuviera decepcionada. Sabíamos que no sobreviviría a la enfermedad y pensamos que era mejor no decir la verdad, ya que no serviría de nada. Preferimos decir que su hijo era un niño sano y hermoso, para que al menos muriera en paz.

Flora tomó al médico del brazo.

– ¡Por favor, doctor, déjenos ver a este niño!

- Bueno, vamos - dijo, abriendo la puerta del cuarto de los niños.

Cuando vieron al recién nacido, Juliano y Flora quedaron realmente impactados. Era un niño muy pequeño, en un estado semi vegetativo, que presentaba defectos físicos muy visibles. Sus bracitos eran desproporcionadamente pequeños y torcidos, sus manos diminutas, sin dedos, y sus piernecitas, curvadas hacia adentro, exhibían una anatomía intrigante.

Ante el silencio de la pareja, el médico comentó:

- A pesar de sus limitaciones físicas, este niño tiene todas las facultades vitales y podrá vivir muchos años, siempre que se le cuide. Naturalmente, no podrá caminar, y también puede tener discapacidades mentales, así como serias restricciones en la audición, la visión y el habla. Al menos eso es lo que indica la experiencia que tenemos en casos de esta naturaleza.

- ¿Alguien más lo ha visto? preguntó Juliano.

Aparte de nosotros los profesionales, solo estaba la abuela. Cuando miró a su nieto, tuvo una reacción muy negativa. Dijo que no se llevaría a ninguno de los lisiados a casa, nos pidió que acabáramos con él y, como sabemos, huyó de la ciudad por miedo a verse obligada a aceptarlo.

Flora se acercó al pequeño. Le dio una ligera caricia en su carita y el bebé pareció sonreír. En ese momento, sintió que una inmensa paz invadía su alma. Dejó que una lágrima resbalara por su rostro, mientras susurraba suavemente:

- ¡Bienvenido, Guillermo! ¡Y no te preocupes por nada, porque no estarás indefenso!

En su mente, la suave voz de Ifigenia resonó:

- "Siempre pon amor en tus acciones. Siempre que tengas dudas, pregunta a tu corazón qué es lo correcto y sigue la guía que te da."

Y en ese momento, estaba segura que la estaban guiando muy bien.

***

Aunque fue un hecho totalmente inesperado, la adopción del pequeño Guillermo no causó mayores inconvenientes en la vida de Flora y Juliano. Pero la iniciativa les exigió mucho desapego y altruismo, pues el espacio destinado en sus vidas al hijo que pretendían concebir pronto pasó a albergar, inicialmente, al hijo de Lili.

Una niñera con experiencia fue contratada para ayudar en el cuidado del recién nacido y dos mujeres que asistían al Centro Espírita, que estaban amamantando, respondieron al llamado de Flora, comenzando a donar leche materna para alimentar al niño, en sus primeros meses de vida.

Como Reinaldo se iba a casar en breve, Flora y Juliano sugirieron que doña Francisca dejara la vieja casa por su hijo y se mudara con ellos. A la viuda de Domingo le encantó la idea, pues de esta manera, además de estar cerca de su hija, también podría ayudar a cuidar a su frágil "nieto." El viejo dicho recordado por Ifigenia realmente tenía sentido, pensó Flora, viendo que las cosas transcurrían con tanta naturalidad: "Dios manda el frío, según la manta."

***

En el Centro Espírita Amor Fraterno las actividades continuaron con normalidad, incluyendo las lecciones de canto impartidas por Flora los domingos por la mañana. A través de esta actividad se creó un grupo musical infantil. Los pequeños integrantes del coro se dedicaban con mucho celo a los ensayos y cada día afinaban más. Flora fue invitada a formar parte del equipo de médiums de la Casa, ya que sus facultades mediúmnicas se hacían cada vez más evidentes. Juliano necesitaría prepararse un poco más, dedicándose más tiempo a sus estudios ya la obra de caridad que allí desarrolla.

143

Participando de las reuniones mediúmnicas, donde el grupo lidiaba con tantas situaciones conflictivas que involucraban a habitantes de los dos planos, la esposa de Juliano llegó a tener una idea aun más precisa de lo que había detrás de los hechos que involucraban su propia vida. El inmenso amor entre ella y su marido, el inconformismo de Ulises, la afinidad entre su padre y Juliano, la aparición de Lili y Guillermo, la presencia del Espíritu Ifigenia durante el sueño... Nada de eso fue mera casualidad. No cabía duda que todos los hechos formaban parte de un proyecto establecido en el plano espiritual.

Cuanto más convencida estaba de esta realidad, más crecía en Flora la fe, el deseo de servir y la convicción que nada de lo que sucede en la vida humana es casualidad, que existe una fuerza extraordinaria que comanda el Universo y que todo, en De hecho, contribuye a la evolución de todos.

Seis meses después del nacimiento, Guillermo, a pesar de no mostrar ningún síntoma de una enfermedad compleja, seguía mostrando esa apariencia frágil y permanecía en un estado semi vegetativo. Guiada por Noroña, Flora comenzó a llevarlo los domingos al Centro Espírita, donde el bebé comenzó a recibir tratamiento espiritual y terminó adaptándose a la rutina de la Casa. Allí fue muy mimado.

Doña Francisca, que nunca soltó a su "nieto", se empeñó en acompañarlos y cuidarlo, mientras Flora y Juliano desarrollaban sus actividades. No renunció a sus convicciones religiosas, diciendo que prefería morir católica, pero se sentía bien en el Centro y amaba escuchar explicaciones sobre el Evangelio, desde el punto de vista de la Doctrina Espírita.

31.- Epílogo

"Fuiste llamado a contactar espíritus de diferentes naturalezas, de carácter antagónico: no ofendas a ninguno de los que encuentres. Sé siempre feliz y contento, pero con la alegría de una buena conciencia..."

El Evangelio según el Espiritismo – Capítulo XVII; artículo 10.

Un sábado por la noche, cuando el Centro Espírita de Amor Fraterno celebraba su cumpleaños, los trabajadores de la Casa organizaron un evento especial para conmemorar la fecha festiva.

Entre las actividades programadas estuvo el estreno del Coro de los Pequeñitos, a cargo de la "Tía Flora", mientras los niños trataban con cariño a su directora. La expectativa era alta, ya que los integrantes del grupo estaban muy ansiosos por su primera presentación. Doña Francisca y Juliano, también un poco tensos, ocupaban la primera fila de sillas, acompañados del silencioso Guillermo, que siempre estaba inmóvil, con los ojos entreabiertos, recostado en su cochecito o en el regazo de la "abuela."

El acto comenzó con una sentida oración de agradecimiento, ofrecida por el director del Centro. Posteriormente, la agrupación musical inició su presentación. El nerviosismo inicial fue superado poco después de la interpretación de la primera canción y, en pocos minutos, las afinadísimas voces de los niños cantores, acompañadas por el piano divinamente interpretado por Flora, arrancó emocionadas lágrimas al atento público, especialmente a los padres de los niños.

Para sorpresa y alegría de todos, Flora presentó este canto, cuya inspiración la había sorprendido dos meses antes, durante los trabajos mediúmnicos de la Casa, y que llevaba por título "Presencia de Dios":

Siento la presencia de Dios, constructor del Universo, en todas las cosas maravillosas que Él creó...

En los colores de las flores que decoran los campos abiertos En el leve murmullo del río que va al mar, en el encanto del hermoso canto del pájaro libre, en los pasos inciertos de un ser que acaba de llegar...

Siento la presencia de Dios, constructor del Universo, en todas las cosas maravillosas que Él creó...

En el rayo de sol que ilumina la mañana renovada, en la luz de las estrellas que brillan a través de la inmensidad, en el amor fraterno entre hombres de buena voluntad, en el abrazo sincero de quien ama a un hermano...

Siento la presencia de Dios, constructor del Universo, en todas las cosas maravillosas que Él creó...

En los ojos del niño que juega sin miedo a la vida, en la fe de los que siguen el camino de la luz, en los brazos que levantan del suelo a los caídos, en la dulce Doctrina del amor que Jesús nos trajo...

Siento la presencia de Dios, constructor del Universo, en todas las cosas maravillosas que Él creó...

Al término de la presentación del coro, que duró casi una hora, y que fue muy ovacionada, Flora dio un emotivo agradecimiento dirigiéndose a los presentes:

– Doy gracias a Dios todos los días por mostrarnos el camino correcto – dijo –. Mi esposo y yo llegamos aquí impulsados por el sufrimiento y hoy solo el amor nos hace permanecer en esta Casa. Aquí encontramos la paz y la alegría de vivir, gracias a la acogida y entrega de los trabajadores, encarnados y desencarnados, que realizaron un verdadero milagro en nuestras vidas.

Al escuchar la voz de Flora ahogada por la emoción, Juliano también se conmovió y sintió un nudo en la garganta al recordar el doloroso estado en el que había estado allí por primera vez.

- Es porque me siento tan agradecida –continuó Flora – que decidí compartir con ustedes, en este día tan especial para el Centro Espírita de Amor Fraterno, una noticia maravillosa, que aun no le he contado a Juliano. Recibí la noticia ayer e hice un gran esfuerzo por mantenerla en secreto hasta ahora, porque tenía muchas ganas de compartir esta alegría con todos ustedes: ¡Estoy esperando un bebé!

Juliano se sobresaltó y quedó petrificado mirando a su esposa quien, con los ojos bañados en lágrimas, lo invitaba a un abrazo. Para salir de ese aturdimiento, fue necesario que doña Francisca lo empujara de la silla.

- ¡Adelante, hijo mío! ¿Qué estás esperando?

Juliano corrió hacia Flora y la tomó en sus brazos, con el corazón desbocado, mientras el señor Noroña aplaudía en honor a la pareja.

Cuando cesaron los aplausos, Juliano, muy emocionado, sin saber exactamente qué decir, acarició el vientre de su esposa y preguntó:

- ¿Cómo me haces tal cosa?

Y Flora, fingiendo no haber entendido la pregunta, respondió con un aire de ingenuidad tan jocoso que provocó muchas risas:

- ¡Oye! No lo hice solo, no, ¿ves? ¡Tú también tienes la culpa en la notaría! - Y terminó, sonriendo -. ¡Pero fue con mucho amor!

✳ ✳ ✳

Entre los innumerables colaboradores espirituales que acompañaron la distendida festividad en el Centro Espírita, se destacó la diáfana figura de Ifigenia que también vibró de alegría y emoción. El plan preestablecido en espiritualidad seguía su curso.

Tras un breve período de tratamiento y esclarecimiento en el plano espiritual, Ulises, ya mucho más apaciguado y consciente, volvía a la carne como hijo consanguíneo de Juliano y Flora, reiniciando así el proceso de reconciliación que debía tener lugar entre ellos.

Ataviado con la vestidura física de Guillermo, Adamastor ya llevaba seis meses en el ámbito familiar de aquella generosa pareja, recibiendo el cariño y la protección de las personas a las que tanto tiempo había odiado. Sus limitaciones físicas y mentales, además de servirle de rescate de sus desacertadas actitudes, también tenían la función de impedir que volviera a influir negativamente en Ulises.

El plan de Adamastor, en aquella experiencia de encarnación, era ser receptor de energías benéficas, provenientes de las actitudes piadoso que su frágil apariencia física provocaba en las personas. De esta forma, su naturaleza bruta comenzaría a cambiar y comenzaría a tener una relación más positiva con los demás, iniciando un lento proceso de transformación moral.

Protegidos por la ley del olvido, los cuatro vivirían juntos durante un tiempo prudencial, ya no como enemigos, sino como padres e hijos, unidos por sagrados lazos familiares. Adamastor y Ulises recibirían, en ese hogar estructurado por los preceptos del Evangelio de Jesús, amor, educación y todos los recursos necesarios para su elevación moral.

Si hicieran buen uso de la oportunidad que les brinda la suprema generosidad del Creador, podrían subir peldaños importantes en esta ascensión, regresando a la esfera espiritual en condiciones mucho más favorables que en los tiempos anteriores. E Ifigenia, gracias al mérito ganado en sus nobles acciones, fue autorizada a vigilar de cerca su convivencia, guiándolas espiritualmente.

Así, se confirmaba la premisa básica de las enseñanzas de Jesús: *"A cada uno según sus obras."* Es decir, cada individuo es responsable de sus acciones y recibe la recompensa de acuerdo a su valor. Los que siembran el mal heredarán una cosecha de espinas, y los que siembran el bien siempre terminarán cosechando bendiciones.

Ifigenia, elevando sus pensamientos al cielo, agradeció a
Dios por la oportunidad de volver a vivir con sus amados hijos,
cuando un suave acorde de piano llenó el aire y los niños cantores,
en respuesta a los insistentes pedidos, cantaron nuevamente:

Siento la presencia de Dios, constructor del Universo, en todas las
cosas maravillosas que Él creó...

Fin

Solo el amor lo consigue

Todos Somos Inocentes

Todo tiene su precio

Todo valió la pena

Un amor de verdad

Venciendo el pasado

Otros éxitos de André Luiz Ruiz y Lucius

Trilogía El Amor Jamás te Olvida

La Fuerza de la Bondad

Bajo las Manos de la Misericordia

Despidiéndose de la Tierra

Al Final de la Última Hora

Esculpiendo su Destino

Hay Flores sobre las Piedras

Los Peñascos son de Arena

**Libros de Vera Lúcia Marinzeck de Carvalho
y Patricia**

Violetas en la Ventana
Viviendo en el Mundo de los espíritus
La Casa del Escritor
El Vuelo de la Gaviota
**Vera Lúcia Marinzeck de Carvalho
y Antônio Carlos**
Amad a los Enemigos
Esclavo Bernardino
la Roca de los Amantes
Rosa, la tercera víctima fatal
Cautivos y Libertos
¡Valió la pena!

Otros Títulos de Sandra Carneiro y LUCIUS

Exiliados por Amor
Jornada de los Ángeles
Renacer de la Esperanza
Déja vu
Conexión Galilea
Listos para Mejorar
Salomé
Todas las Flores que yo gané
Libros de Eliana Machado Coelho y Schellida
Corazones sin Destino

El Brillo de la Verdad

El Derecho de Ser Feliz

El Retorno

En el Silencio de las Pasiones

Fuerza para Recomenzar

La Certeza de la Victoria

La Conquista de la Paz

Lecciones que la Vida Ofrece

Más Fuerte que Nunca

Sin Reglas para Amar

Un Diario en el Tiempo

Un Motivo para Vivir

¡Eliana Machado Coelho y Schellida, Romances que cautivan,
enseñan, conmueven y
pueden cambiar tu vida!

Romances de Arandi Gomes Texeira y el Conde J.W. Rochester

El Condado de Lancaster

El Poder del Amor

El Proceso

La Pulsera de Cleopatra

La Reencarnación de una Reina

Ustedes son dioses

Libros de Marcelo Cezar y Marco Aurelio

El Amor es para los Fuertes

La Última Oportunidad

Nada es como Parece

Para Siempre Conmigo

Solo Dios lo Sabe

Tú haces el Mañana

Un Soplo de Ternura

Libros de Vera Kryzhanovskaia y JW Rochester

La Venganza del Judío

La Monja de los Casamientos

La Hija del Hechicero

La Flor del Pantano

La Ira Divina

La Leyenda del Castillo de Montignoso

La Muerte del Planeta

La Noche de San Bartolomé

La Venganza del Judío

Bienaventurados los pobres de espíritu

Cobra Capela

Dolores

Trilogía del Reino de las Sombras

De los Cielos a la Tierra

Episodios de la Vida de Tiberius

Hechizo Infernal

Herculanum

En la Frontera

Naema, la Bruja

En el Castillo de Escocia (Trilogía 2)

Nueva Era

El Elixir de la larga vida

El Faraón Mernephtah

Los Legisladores

Los Magos

El Terrible Fantasma

El Paraíso sin Adán

Romance de una Reina

Luminarias Checas

Narraciones Ocultas

La Monja de los Casamientos

Libros de Elisa Masselli

Siempre existe una razón

Nada queda sin respuesta

La vida está hecha de decisiones

La Misión de cada uno

Es necesario algo más

El Pasado no importa

El Destino en sus manos

Dios estaba con él

Cuando el pasado no pasa

Apenas comenzando

<u>**Libros de Mónica de Castro y Leonel**</u>

A Pesar de Todo

Con el Amor no se Juega

De Frente con la Verdad

De Todo mi Ser

Deseo

El Precio de Ser Diferente

Gemelas

Giselle, La Amante del Inquisidor

Greta

Hasta que la Vida los Separe

Impulsos del Corazón

Jurema de la Selva

La Actriz

La Fuerza del Destino

Recuerdos que el Viento Trae

Secretos del Alma

Sintiendo en la Propia Piel

www.ingramcontent.com/pod-product-compliance
Lightning Source LLC
Chambersburg PA
CBHW021213160726
47994CB00001B/457